SISTEMAS DE INFORMAÇÃO

A911s Audy, Jorge Luis Nicolas
        Sistemas de informação: planejamento e alinhamento estratégico nas organizações / Jorge Luis Nicolas Audy e Ângela Freitag Brodbeck. – Porto Alegre : Bookman, 2003.

        ISBN 978-85-363-0192-1

        1. Administração – Planejamento estratégico – Organizações. I. Brodbeck, Ângela Freitag. II. Título.

        CDU 658.1/.97

Catalogação na publicação: Mônica Ballejo Canto – CRB 10/1023

SISTEMAS DE INFORMAÇÃO

PLANEJAMENTO E ALINHAMENTO
ESTRATÉGICO NAS ORGANIZAÇÕES

JORGE LUIS NICOLAS AUDY
ÂNGELA FREITAG BRODBECK

Reimpressão 2009

bookman®

2003

© Artmed Editora S.A., 2003

Capa
Gustavo Macri

Preparação do original
Walson Pontes Carpes e Carla Krohn

Supervisão editorial
Arysinha Jacques Affonso

Projeto e editoração
Armazém Digital Editoração Eletrônica – Roberto Vieira

Reservados todos os direitos de publicação, em língua portuguesa, à
ARTMED® EDITORA S.A.
(BOOKMAN® COMPANHIA EDITORA é uma divisão da ARTMED® EDITORA S.A.)
Av. Jerônimo de Ornelas, 670 - Santana
90040-340 Porto Alegre RS
Fone (51) 3027-7000 Fax (51) 3027-7070

É proibida a duplicação ou reprodução deste volume, no todo ou em parte,
sob quaisquer formas ou por quaisquer meios (eletrônico, mecânico, gravação,
fotocópia, distribuição na Web e outros), sem permissão expressa da Editora.

SÃO PAULO
Av. Angélica, 1091 - Higienópolis
01227-100 São Paulo SP
Fone (11) 3665-1100 Fax (11) 3667-1333

SAC 0800 703-3444

IMPRESSO NO BRASIL
PRINTED IN BRAZIL

Os autores

Jorge Luis Nicolas Audy
audy@inf.pucrs.br

Doutor em Sistemas de Informação pela UFRGS, com mestrado em Sistemas de Informação e Decisão, especialização em Gestão de Artes e Tecnologia Multimídia pelo ILAT/IBM e graduação em Análise de Sistemas pela PUCRS.

Professor titular da Faculdade de Informática da PUCRS e diretor da Agência de Gestão Tecnológica da PUCRS. Suas áreas de interesse e pesquisa são planejamento estratégico de sistemas de informação, gerência de projetos e engenharia de *software*. Desenvolveu diversos trabalhos nas áreas de consultoria e auditoria de sistemas de informação em organizações de médio e grande porte.

Ângela Freitag Brodbeck
angela@brodbeck.com.br

Doutora em Administração de Empresas na área de Sistemas de Informação e Decisão pela UFRGS, Mestre em Administração de Empresas pela UFRGS, graduada em Análise de Sistemas pela PUCRS.

Professora Adjunta da Escola de Administração da UFRGS nos programas de mestrado e especialização, tanto acadêmico quanto executivo. Suas áreas de interesse em pesquisa são planejamento estratégico de tecnologia de informação, sistemas de informações gerenciais e estratégicos, sistemas de informação integrados e metodologias de implementação de planejamento estratégico. Desenvolveu trabalhos de consultoria na área de projeto de sistemas, implementação de sistemas integrados, modelagem de informações executivas e planejamento estratégico de tecnologia de informação.

Aos meus pais, Horácio e Isabel,
e à minha esposa, Rejane.
Jorge Audy

Ao meu esposo, Henrique.
Ângela Brodbeck

Prefácio

Este livro, fundamentado em conceitos abrangentes e atuais, é resultado de pesquisas desenvolvidas pelos autores em empresas brasileiras e norte-americanas e trata do planejamento estratégico de sistemas de informação, adotando uma abordagem incremental. O livro contempla, essencialmente, os modelos de planejamento estratégico, o processo decisório e a aprendizagem organizacional e o alinhamento entre o planejamento estratégico de negócios e de sistemas de informação. Ele é um bom exemplo de geração de conhecimento fundamentado em observações e análises de problemáticas locais, tão necessário no momento em que se vive o fenômeno de internacionalização das economias e dos negócios. O conhecimento descrito pelos autores contempla contexto, cultura e valores, contribuindo assim para a estruturação de processos de gestão adequados às peculiaridades locais.

O tema desenvolvido é fruto de extenso trabalho de pesquisa dos autores realizado quando do seu doutoramento. São apresentados elementos conceituais e práticos, envolvendo estudos realizados no Brasil e nos Estados Unidos. Esses elementos são necessários para estudos de natureza exploratória, nos quais a realidade se antecipa à teoria. Também é importante que a experiência profissional anterior dos autores garanta a sustentabilidade das análises e das proposições desenvolvidas. No presente caso, os autores possuem larga experiência em trabalhos de consultoria na área específica de planejamento estratégico de sistemas de informação em empresas e organizações de grande e médio porte, nas áreas pública e privada, o que contribui sobremaneira para a qualidade da obra.

O ambiente econômico e de negócios das empresas apresenta, como principais características, mudanças profundas e contínuas e uma utilização ampla e intensa da informação. Nesse contexto, o planejamento estratégico de sistemas de informação permite uma melhor avaliação de investimentos em tecnologia e sistemas, cujos benefícios, muitas vezes, são intangíveis e apresentam um grande potencial no aperfeiçoamento de processos decisórios e na obtenção de um melhor desempenho organizacional. O tema é um desafio constante para executivos e pesquisadores pela necessidade de se desenvolver e adotar modelos e ferramentas abrangentes e operacionais adaptados ao ambiente local.

O conhecimento provido pelo livro para os gerentes e profissionais de planejamento estratégico, sejam eles da área de negócio ou de sistemas de informação, permite a identificação de requisitos de aprendizagem organizacional importantes para o processo decisório, dos pontos fortes e fracos na promoção do alinhamento estratégico e, principalmente, propõe uma estrutura de instrumentação da gestão na execução do processo de planejamento estratégico. A Figura A sintetiza o modelo conceitual que fundamenta o livro. Ao longo dos seus 10 capítulos, os diversos elementos que compõem esse modelo são explorados, visando a desenvolver e operacionalizar o modelo de planejamento estratégico de sistemas de informação e alinhamento estratégico proposto.

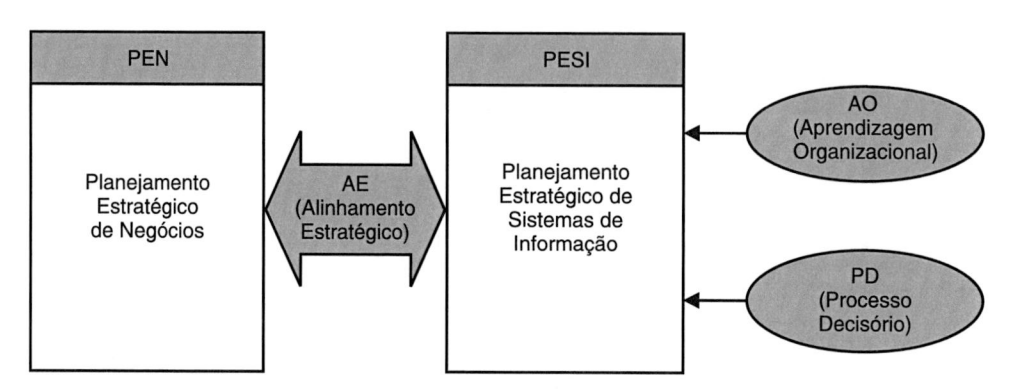

Figura A Modelo conceitual do livro.

O quadro de PEN – Planejamento Estratégico de Negócios – representa o processo de planejamento corporativo de mais alto nível organizacional, de onde se originam as macrodiretrizes e políticas que fundamentam a ação da organização e caracterizam seu modelo de negócios. O quadro de PESI – Planejamento Estratégico de Sistemas de Informação – representa o processo no qual se definem as políticas e estratégias direcionadas para essa área. As elipses identificam as contribuições dos autores para o desenvolvimento do novo modelo de planejamento estratégico de sistemas de informação. A elipse AO – Aprendizagem Organizacional – representa as contribuições da área de aprendizagem organizacional, buscando entender o processo de planejamento como um processo de aprendizagem contínuo, enquanto que a elipse PD – Processo Decisório – representa as contribuições da área de tomada de decisão organizacional, buscando incorporar a visão oferecida pelo incrementalismo lógico. A seta dupla entre os quadros de PEN e PESI (AE – Alinhamento Estratégico) denota o processo de alinhamento contínuo que deve existir entre ambos os processos de planejamento estratégico, indicando uma fusão que maximiza os impactos da tecnologia da informação (TI) nos modelos de negócio das organizações. Os modelos apresentados representam um *framework* para a promoção do alinhamento de forma contínua e permanente, mostrando, em detalhes, os componentes e etapas do processo de planejamento nas áreas de negócio e de sistemas de informação.

O livro está estruturado em 10 capítulos. Na *Introdução* (Capítulo 1), é discutida a importância do planejamento estratégico como ferramenta de gestão e das áreas de processo decisório, aprendizagem organizacional e alinhamento estratégico para o planejamento estratégico de sistemas de informação.

O Capítulo 2 – *Planejamento estratégico* – provê uma revisão dos conceitos fundamentais pertinentes e relevantes ao tema deste livro, focalizando diferentes escolas de planejamento estratégico, modelos e componentes do processo de planejamento e abordagens de planejamento estratégico de sistemas de informação.

O Capítulo 3 – *A implementação do processo de planejamento estratégico de sistemas de informação (PESI)* – aborda os aspectos relacionados a metodologias de implementação e suas práticas.

O Capítulo 4 – *Processo decisório* – apresenta uma visão histórica da evolução das abordagens relativas ao processo de tomada de decisão nas organizações, discutindo as contribuições ao PESI.

O Capítulo 5 – *Aprendizagem organizacional (AO)* – apresenta os principais conceitos e abordagens da área de aprendizagem organizacional, buscando analisar as contribuições potenciais para sua inserção no processo de PESI.

O Capítulo 6 – *Alinhamento estratégico (AE)* – analisa os principais modelos de alinhamento estratégico entre planos de negócio e de tecnologia de informação que contribuem para o modelo de alinhamento desenvolvido nesse capítulo. Além disso, as implicações dos sistemas integrados de gestão como agentes promotores do alinhamento em nível operacional, sejam elas conceituais ou metodológicas, são discutidas e integradas ao modelo.

O Capítulo 7 – *Modelo de planejamento estratégico de sistemas de informação e aprendizagem organizacional (PESI-AO)* – descreve o modelo de planejamento estratégico de sistemas de informação proposto, destacando a abordagem e os pressupostos adotados, as variáveis críticas e as principais dimensões.

O Capítulo 8 – *Modelo de operacionalização do alinhamento estratégico (MOAE)* – desenvolve o modelo estendido de alinhamento estratégico, apresentando sua abordagem, as variáveis críticas e os principais elementos para cada dimensão do PESI.

O Capítulo 9 – *Análise e integração dos modelos* – apresenta o modelo integrado de PESI-AO-AE, analisando suas implicações no contexto do planejamento corporativo das organizações e oferecendo uma nova conceituação dos elementos envolvidos nesse processo pela discussão das principais contribuições teóricas e práticas.

O Capítulo 10 – *Estudos de caso* – apresenta dois estudos de caso, visando a uma melhor compreensão dos modelos e dos elementos que os compõem. O primeiro estudo de caso ilustra o processo de planejamento estratégico de sistemas de informação contemplando elementos de aprendizagem organizacional em um processo incremental de tomada de decisão; o segundo ilustra a aplicação da promoção de alinhamento estratégico contínuo entre os objetivos e estratégias de negócio e de TI durante as etapas de formulação e implementação do processo de planejamento estratégico.

Prof. Dr. Norberto Hoppen
Professor Titular da Escola de Administração
UFRGS – Universidade Federal do Rio Grande do Sul

Sumário

Prefácio 9

1. Introdução 15

2. Planejamento estratégico 23

3. A implementação do PESI 43

4. Processo decisório 51

5. Aprendizagem organizacional 57

6. Alinhamento estratégico 69

7. Modelo de planejamento estratégico de sistemas de informação
e aprendizagem organizacional (PESI-AO) 85

8. Modelo de operacionalização do alinhamento estratégico (MOAE) 101

9. Análise e integração dos modelos 123

10. Estudos de caso 133

Questões para estudo 153
Referências bibliográficas 155

1

Introdução

As organizações vêm enfrentando um ambiente extremamente competitivo, inseridas em uma sociedade profundamente afetada pelos novos paradigmas introduzidos pela chamada sociedade da informação. A nova realidade provoca uma reorganização intensa da sociedade, gerando modificações nas organizações. Para continuarem crescendo, ou até mesmo para continuarem sobrevivendo, elas inevitavelmente necessitam mudar, visto que os paradigmas políticos, econômicos e sociais estão mudando, e os modelos atuais de organização empresarial estão sendo fortemente questionados. Nesse novo contexto, o papel da tecnologia da informação (TI) torna-se relevante. Sua efetiva utilização pelas organizações tem sido considerada crucial para a sobrevivência e a estratégia competitiva. Em virtude dessa importância e do elevado investimento necessário para incorporar as novas tecnologias, as organizações devem procurar cercar-se do máximo de garantias para viabilizar seu uso com sucesso.

As áreas de gerências de sistemas de informação (SI) estão se tornando, simultaneamente, mais importantes e desafiadoras (Sprague e McNurlin, 1999; Kumar et al., 2000). Isso tem ocorrido porque as modernas TIs estão alterando rapidamente as formas como afetam a competitividade das organizações. Além disso, a própria sobrevivência destas vem tornando-se crescentemente dependente das TIs. Como resultado, o planejamento do uso efetivo das novas TIs pode ser uma questão estratégica fundamental para as organizações, tornando o planejamento estratégico de sistemas de informação (PESI) verdadeiramente crítico na gestão da área de sistemas de informação.

Uma nova visão com relação ao processo de planejamento estratégico de sistemas de informação está sendo demandada com a emergência e a consolidação dos novos conceitos e percepções do processo decisório organizacional, da aprendizagem organizacional e do alinhamento estratégico entre negócio e TI. Essas áreas exercem pressões equivalentes em direção a mudanças na postura gerencial (no tocante ao processo decisório) e nos aspectos referentes à implementação de planos de SI (no tocante aos usuários, à equipe técnica e à metodologia).

Neste sentido, este livro apresenta considerações sobre esses impactos, direcionando para um modelo de PESI que contemple aspectos relativos à nova visão em termos de condução do processo decisório na linha do incrementalismo lógico, da aprendizagem organizacional como fundamento do processo de implementação do plano de base tecnológica e da mudança organizacional resultante do alinhamento estratégico como resultado direto na *performance* organizacional.

Vale destacar que, no âmbito de um processo de PESI, o alinhamento estratégico é o elo entre o plano de negócio e o plano tecnológico das organizações, devendo ambos ser produtos de um plano corporativo. Dessa forma, enquanto os elementos de processo decisório e aprendizagem organizacional atuam internamente ao modelo de PESI, o alinhamento estratégico pode ser considerado uma dimensão intermediária entre os modelos de planejamento estratégico de negócio (PEN) e PESI. Idealmente, ambos os planos de negócio e SI deveriam ser integrados totalmente pelo mapeamento dos sistemas e das informações estratégicas diretamente relacionadas com as estratégias de negócio e pelo suporte dos recursos informacionais aos objetivos do negócio, otimizando o retorno da organização (King, 1988) e obtendo vantagem a partir das oportunidades do uso de sistemas de forma estratégica.

O alinhamento requer que os executivos de negócio (CEO) e de TI (CIO) assumam as responsabilidades de distribuir os benefícios e investimentos feitos em TI entre as áreas corporativas, propiciando a obtenção de vantagens competitivas e gerando novas oportunidades de negócio (Zviran, 1990). Justamente por esta possibilidade, os executivos de TI têm considerado o alinhamento entre as estratégias de negócio e a TI como um dos objetivos mais importantes da área.

O impacto da TI na *performance* dos negócios foi vastamente discutido durante esta última década. Pesquisadores das áreas de negócio e TI realizaram diversos estudos examinando as necessidades e os benefícios do alinhamento da TI com o restante dos negócios.

Estudos focados em diversas outras áreas, tais como a mudança e a estratégia organizacionais suportadas pela TI e a transformação e integração dos processos organizacionais pelo redesenho dos SIs com a visão do negócio, também trouxeram importantes contribuições para os estudos do alinhamento estratégico entre as estratégias e objetivos de negócio e de TI. Entretanto, apesar do consenso geral sobre o impacto positivo do alinhamento para as organizações, ainda existem alguns elementos inibidores do processo como um todo, sejam eles problemas de comunicação, perda de recursos ou falta de comprometimento. Poucos são os estudos que atentam para o processo PESI de alinhamento e sua operacionalização, conforme apresentado neste livro.

IMPORTÂNCIA DO PESI NAS ORGANIZAÇÕES

Muito já se escreveu sobre os problemas relacionados com o uso de sistemas de informações nas organizações, tanto no exterior como no Brasil. A construção de sistemas de informação e o processo de informatização das organizações tomam muito tempo e têm alto custo. Além disso, os resultados até aqui alcançados não têm sido satisfatórios. As dificuldades de implantação, uso e manutenção são enormes, e os administradores não conseguem obter as informações quando são necessárias. A resistência aos processos de mudança gerados pela implantação de sistemas de informação é crescente.

No momento atual, para garantir uma boa posição no mercado, as organizações dependem de sua capacidade de criar rapidamente aplicações estratégicas eficientes, e isso requer mais do que ferramentas para projetar e construir programas e sistemas. São necessárias metodologias de PESI que aproveitem as tecnologias e ferramentas, visando a desenvolver a criatividade e a aprendizagem (Reponen, 1998). Tradicionalmente, as metodologias de planejamento de SI têm sido orientadas para uma abordagem prescritiva, centrando suas atenções nos sistemas tradicionais de informação e suporte administrativo.

Na literatura sobre sistemas de informação, muita atenção tem sido dedicada ao desenvolvimento de metodologias para o planejamento estratégico. Essas metodologias são projetadas para auxiliar os planejadores de SI no alinhamento de suas estratégias com as da organização, pela identificação de oportunidades para utilizar as TIs na obtenção de vantagens competitivas. Por outro lado, uma crescente atenção tem sido dada à questão relacionada com a implementação de PESI nas organizações. Gottschalk e Lederer (1997) identificam as falhas na implementação como o principal problema das metodologias de PESI.

Diversas pesquisas envolvendo gerentes das áreas de SI e de negócios mostram que o planejamento de SI nas organizações é um dos temas considerados dos mais importantes. Reich e Benbasat (1996) destacam que a ligação entre o planejamento de SI com os objetivos organizacionais é um dos principais problemas relatados por gerentes de SI e executivos das áreas de negócios. Dessa forma, a gestão de SI pode ser entendida como um problema de coordenação entre os domínios de negócios e de SI. Nesse contexto, o planejamento de SI é um dos mecanismos que podem e devem ser utilizados para atuar nesse sentido.

Minkara (2000) analisou os estudos desenvolvidos em relação aos principais tópicos da área de SI para gerentes e pesquisadores, tendo identificado as pesquisas desenvolvidas e publicadas nas principais revistas internacionais da área de SI a partir dos anos 80. É importante destacar que o tópico referente ao planejamento estratégico de SI ocupa o primeiro lugar no *ranking* de forma sistemática, desde o início da década de 80, sendo que, nos últimos anos, agregam-se temas diretamente relacionados ao processo de PESI, tais como alinhamento estratégico, infra-estrutura tecnológica, infra-estrutura de informação e obtenção de vantagem competitiva. Esses dados confirmam definitivamente a relevância e importância de estudos na área de PESI, caracterizado como tema recorrente e de grande impacto nas organizações.

Novas abordagens podem contribuir na busca de modelos e ferramentas que auxiliem o processo de gestão da informação nas organizações. Busca-se assim estudar o problema da criação de estratégias implementáveis na área de SI. Entende-se por implementável o desenvolvimento de planos de execução viável na organização para a qual foram projetados, respeitando características e particularidades.

A aprendizagem é um conceito novo e crítico no desenvolvimento de estratégias de SI. A idéia básica está centrada na disciplina apresentada por Senge (1990), com vistas à criação de uma visão compartilhada no tocante à forma de uso da nova tecnologia. Quando existe uma visão genuína e compartilhada na organização, as pessoas aprendem: não porque são manipuladas nesse sentido, mas porque elas assim o desejam, e porque um comportamento voltado para a aprendizagem faz parte da própria natureza humana. Entretanto, existe uma enorme lacuna nas metodologias e modelos quando se trata de viabilizar a transposição de visões individuais ou de pequenos grupos para visões compartilhadas (Reponen, 1998).

A teoria de aprendizagem organizacional pode contribuir para a solução desse problema. A AO representa uma crescente e importante área de pesquisa que examina a forma como as organizações aprendem e, com isso, aumentam sua competitividade, inovação e eficácia. De Geus (1997) sustenta que o processo de tomada de decisão e de planejamento deve ser visto como um processo de aprendizagem, sugerindo que as organizações aprendem continuamente. Aprendizagem organizacional é uma área de suma importância, pois pode prover a única vantagem competitiva sustentável no futuro, o que irá permitir ou habilitar as organizações a competirem em longo prazo em um contexto de mudanças sucessivas.

Este livro avança no sentido de propor um modelo de PESI que ultrapasse os modelos de base tecnicista existentes. Com esse propósito, focaliza o processo decisório dentro do planejamento estratégico, seja de negócio ou de TI, incorporando ao mesmo tempo uma abordagem evolutiva na linha do incrementalismo lógico. Por outro lado, a obra busca utilizar uma abordagem de aprendizagem organizacional em que as soluções são construídas pela empresa, evoluindo a partir do interior da organização e não exclusivamente da área técnica, objetivando contribuir para a implementação do plano desenvolvido.

IMPORTÂNCIA DO ALINHAMENTO ESTRATÉGICO NO PROCESSO DE PESI

No relatório final do projeto de pesquisa sobre o impacto da tecnologia de informação (TI) no gerenciamento dos negócios, denominado "Gerenciamento nos anos 90", elaborado pela Sloan School of Management, do Instituto de Tecnologia de Massachusetts (MIT), foi publicado que a chave do gerenciamento para a última década do milênio se concentraria no alinhamento estratégico, na estrutura do negócio e na tecnologia de informação. Estes constituiriam-se em um grande desafio para os gestores de negócios e de sistemas de informação. A discussão sobre a TI ser uma estratégia de negócio ou se as estratégias de negócio são suportadas pela TI deixa de ser considerada, valorizando-se a utilização da TI na administração estratégica (Venkatraman, 1994). A visão do planejamento estratégico de negócios (PEN), alinhada com o planejamento estratégico de sistemas de informação (PESI), tem sido qualificada como uma poderosa ferramenta para lidar com situações de mudanças, merecendo especial atenção como instrumento de gestão.

King (1978) foi um dos primeiros pesquisadores a reconhecer e enfatizar a importância da integração entre PEN e PESI. Ele auxiliou a IBM na criação do método de planejamento de sistemas de informação BSP (Business Systems Planning), aplicado pela *big blue* na maioria de seus clientes. Um dos estágios desse método é justamente o alinhamento das estratégias de TI com as estratégias e objetivos do negócio. Primeiramente, a conceitualização enfocou o alinhamento como um passo seqüencial e de mão única na execução do plano. Em pesquisas posteriores, King e Zmud (1981) propuseram a integração de forma recíproca (duas mãos – ida e volta), isto é, além de o PEN influenciar o PESI, reciprocamente, o PESI também pode influenciar o PEN.

Desde então, vários estudos vêm sendo desenvolvidos com o intuito de avaliar se as estratégias e os objetivos de TI devem ser paralelos ou em conjunto com as estratégias e objetivos do negócio. Inicialmente planejados e formulados de modo isolado em relação ao negócio da organização, nos dias atuais, tornam-se componentes-chave de integração da maioria dos negócios. Sabherwal e Chan (2001) analisaram o impacto do alinhamento sobre três categorias de estratégias básicas de negócios: estratégias dos prospectores, estratégias dos analistas e estratégias dos defensores. Os resultados ressaltaram novamente a importância do alinhamento no desenvolvimento da *performance* organizacional por meio da aplicação de sistemas estratégicos orientados prioritariamente ao mercado, oferecendo maior vantagem competitiva para a organização.

Em publicações de caráter comercial, também foram realizadas pesquisas que procuravam identificar as maiores preocupações em nível estratégico, sob a percepção de dirigentes de algumas centenas de organizações norte-americanas que se utilizam formalmente de planos estratégicos. Entre os 10 itens prioritários, em primeiro lugar foi apontado como o mais crítico o alinhamento da tecnologia de informação com a estratégia do negócio. Vale destacar também a importância do alinhamento entre negócio e TI de forma comercial, representada pelos produtos oferecidos por bancos comerciais, como o *Internet Banking*. Analisando tais produtos, constata-se a forte presença dos princípios básicos de alinhamento estratégico discutidos por ambas as áreas – negócio e TI.

Basicamente, o alinhamento entre PEN e PETI é um importante conceito e instrumento de gestão porque oferece:

- certeza de que as funções de TI suportam os objetivos e atividades organizacionais em cada nível da organização;
- possibilidade de identificação de aplicações críticas para o desenvolvimento;
- garantia de que os recursos adequados serão alocados para as aplicações críticas;
- disponibilização e melhoria do gerenciamento de mudanças nas prioridades do desenvolvimento de aplicações;
- facilidade de compartilhamento das informações e posterior *feedback* durante a formulação e implementação das estratégias;
- certeza de que as funções da TI passam a integrar o complexo organizacional, não sendo apenas um apêndice;
- disponibilização de uma melhor exploração das oportunidades na utilização de SI para os propósitos estratégicos;
- possibilidade de criação de uma estrutura comum de referência (padronização), essencial para a consistência interna e a validade externa dos resultados do que foi planejado.

O modelo de alinhamento de Henderson e Venkatraman (1993) expressa o alinhamento pela adequação entre as estratégias e objetivos descritos no PEN e no PESI e pela integração funcional entre infra-estrutura, recursos humanos e processos de negócio através da TI. Com base nisso, este estudo buscou incorporar ao modelo de alinhamento os conceitos associados à gestão integrada das informações pelas organizações.

Analisando produtos do tipo *Internet Banking*, percebe-se a forte integração funcional entre a infra-estrutura tecnológica da Internet e os processos do negócio, como transferência de saldos, saques e extratos, sendo substituídos por rotinas encapsuladas em um sistema *front-end* conectado a uma base de dados central e manuseado por pessoas comuns, ou seja, pelos próprios clientes. No início desse novo formato de negócio, os caixas permitiam apenas saques. Os bancos ainda absorviam custos operacionais altos com cheques e outras transações. Em seguida, vieram aplicações remotas, executadas no computador do cliente e transferidas em lote para o computador do banco. No entanto, os custos de instalação e auxílio aos clientes não foram reduzidos com tais aplicações. Hoje, com a Internet e a operação completa pelo cliente, inclusive na carga do produto em seu computador, uma das estratégias básicas desse tipo de organização (redução de custos da operação de contas correntes) está atendida na sua totalidade, reforçando a importância do alinhamento estratégico.

SISTEMAS DE INFORMAÇÃO E TECNOLOGIA DA INFORMAÇÃO

Vale ressaltar a ambigüidade conceitual apresentada para o uso dos termos SI e TI. Alguns autores seguem a linha conceitual pura de teoria de sistemas ao considerar o termo planejamento estratégico de sistemas de informação (PESI). O termo abrange um conjunto de componentes inter-relacionados que coletam, processam, armazenam e distribuem informações para controle e decisões nas organizações. A TI é considerada apenas uma infra-estrutura de suporte para os SIs.

Outros autores consideram o termo planejamento estratégico de tecnologia de informação (PETI) mais abrangente. Além dos SIs e da infra-estrutura de suporte aos mesmos (equipamentos e pessoal), o termo envolve técnicas de implementação, relacionamentos entre negócio e TI, operações eficientes e eficazes, capacitações, formas de comunicação, uso e disponibilização de recursos por meio de vários canais de informação (redes, Internet, etc.), entre outros fatores que possam compor uma base maior para o conhecimento. Esses autores são também os mais vinculados aos estudos de alinhamento estratégico.

Turban, McLean e Wetherbe (1999) justificam essa ambigüidade explicando que alguns autores consideram a TI o lado tecnológico dos SI, incluindo *hardware*, bancos de dados (BD), *software*, redes e outros dispositivos, podendo ser vista como um subsistema dos SIs. Mas, muitas vezes, a expressão TI é intercambiável com SI, sendo descrita como o conjunto dos diversos SIs, dos usuários e do gerenciamento que suporta as atividades organizacionais. Reich e Benbasat (1996) abordam as diferentes linhas conceituais apresentadas pela literatura sobre as expressões TI e SI, explicando que ainda não existe consistência e concordância quanto à exata definição para ambas e suas respectivas abrangências.

Nesse contexto, diversos autores equiparam TI e SI em seus estudos, sendo possível identificar uma tendência dos principais autores da área de planejamento estratégico de utilizar a expressão sistemas de informação para caracterizar a abrangência e o enfoque sistêmico do processo de planejamento de sistemas de informação. Por outro lado, os principais autores na área de alinhamento estratégico tendem a utilizar com maior freqüência a expressão "tecnologia da informação" com a intenção de caracterizar a dimensão tecnológica integrando-se diretamente ao processo de planejamento estratégico de negócio e de sistemas de informação. Em decorrência dessa análise, utiliza-se neste livro esta caracterização, ou seja, planejamento estratégico de sistemas de informação e alinhamento estratégico de tecnologia da informação.

Independentemente da terminologia utilizada, pode-se identificar um conjunto de componentes que caraterizam o contexto de um processo de planejamento estratégico de sistemas de informação, quais sejam: a dimensão tecnológica, envolvendo infra-estrutura (*hardware*, *software* e comunicações), aplicações de gestão orientadas ao ambiente organizacional interno (Intranet, ERP, SAD, SIG, etc.), aplicações de gestão orientadas ao ambiente organizacional externo (CRM, Call Center, Extranet, etc.) e a dimensão de gestão, envolvendo processos (modelagem de negócio), pessoas (aprendizagem) e abordagens de gestão (mudança, cultura organizacional, liderança e outras).

Planejamento Estratégico

O planejamento estratégico (PE) é uma abordagem poderosa para lidar com situações de mudanças, oferecendo grande auxílio em ambientes turbulentos como os de nossos dias. Merece, por isso, atenção como instrumento de gestão. Apesar de nos anos 60 o planejamento estratégico ter sido interpretado como único caminho para gerar competitividade em um mercado cada vez mais concorrido e complexo, ele não é a única abordagem de gestão. Atualmente, vários são os caminhos combinados que permitem o avanço das empresas diante das incertezas do futuro. A utilização de pensamento estratégico, diagnóstico estratégico, mudanças estratégicas, visão sistêmica, entre outras técnicas, transforma o PE em uma arma poderosa de direcionamento do negócio.

Organizações eficientes e eficazes concentram suas atividades e recursos. O foco e o rumo devem estar centrados nos ambientes externo e interno em que a organização atua. Portanto, é necessário planejar suas ações presentes e futuras através de instrumentos de administração, permitindo uma flexibilidade de ajuste permanente às mutações do ambiente. É importante que estratégias sejam definidas e que um plano de ação seja adotado para a implantação das mesmas, de forma que a empresa caminhe na busca constante de seus principais objetivos.

Os estudos de planejamento estratégico tiveram início a partir das idéias de Simon (1965), que identificou "estratégia" como um conjunto de ações e decisões que devem definir o rumo da organização durante determinado tempo. Com o avanço dos estudos na área de estratégia, a área de planejamento estratégico obteve grande desenvolvimento, atingindo seu auge nas abordagens de Porter e Mintzberg, na década de 80. No decorrer dos anos seguintes, apesar dos diversos estudos realizados, a idéia de planejamento estratégico tornou-se desgastada, tendo seus princípios básicos sofrido críticas (Mintzberg, 1994).

No entanto, ao final da década de 90, o tema volta a alcançar destaque devido às diversas contribuições originadas em outras áreas de conhecimento, tais como aprendizagem organizacional, processo decisório e alinhamento estratégico.

Neste capítulo, encontram-se descritos os principais conceitos, modelos, componentes e etapas, tanto do processo de planejamento estratégico de negócio (PEN) quanto do processo de planejamento estratégico de sistemas de informação (PESI). Em relação ao PESI, são discutidas as principais prescrições e abordagens.

PLANEJAMENTO ESTRATÉGICO: DA VISÃO PRESCRITIVA À FORMULAÇÃO ESTRATÉGICA

Simon (1965) definiu estratégia como um conjunto de decisões que determinam o comportamento a ser exigido em determinado espaço de tempo. Outros autores ocuparam-se do tema, passando a associar a estratégia a um padrão ou plano que integra, de forma coesa, os principais objetivos, políticas e ações de uma organização. Mintzberg (1995) define estratégia como uma forma de pensar no futuro integrada no processo decisório, com base em um procedimento formalizado e articulador de resultados. Assim, pode-se afirmar que as estratégias devem indicar o rumo futuro (caminho) por regras formalizadas (conjunto de decisões) em estruturas flexíveis (articuladas), permitindo mudanças rápidas no rumo definido anteriormente (ciclo em movimento).

Mais recentemente, na área de SI, diversos autores agregaram às variáveis clássicas, na área de estratégia, variáveis estratégicas da área de TI, envolvendo velocidade, adaptabilidade, flexibilidade, proatividade e inovação.

Mintzberg (1995) desenvolveu um estudo que classificava as diversas escolas de planejamento estratégico em três categorias principais: prescritivas, descritivas e configuracionais.

A escola prescritiva representa a tradição analítica e matemática de planejamento que visualiza o processo estratégico como um projeto conceitual e de planejamento formal. O processo de planejamento parte de uma análise interna (organizacional) e externa (ambiental), a partir da qual as alternativas estratégicas são desenvolvidas. A escolha e a implementação da melhor estratégia é o resultado final do processo de planejamento.

A escola descritiva entende o processo de planejamento como um processo de aprendizagem, levando em consideração aspectos mentais relacionados ao processo decisório e aos valores e formas de pensar dos tomadores de decisão. Nesse sentido, aspectos situacionais e inesperados, de base política ou não, devem ser utilizados para a aprendizagem e a ação, afetando diretamente as estratégias. Integram essa escola autores como Lindblom (incrementalismo disjunto), Quinn (incrementalismo lógico), Allison (pensamento político) e o próprio Mintzberg (pensamento estratégico). Podem-se identificar claramente os princípios básicos que norteiam as áreas de aprendizagem organizacional por intermédio de autores como Argyris, Senge e De Geus e as de alinhamento estratégico como processo contínuo de ajustes das estratégias formuladas durante sua implementação a partir de autores como Boar, Henderson e Venkatraman.

A escola configuracional aprofunda a linha da escola prescritiva, baseando-se no conhecimento e nas experiências dos especialistas e gerentes. Esse conhecimento é transformado (formalizado) e utilizado na manipulação de assuntos gerenciais.

Diversos autores examinam a natureza do planejamento estratégico na área de SI. Desenvolvem-se estudos com a finalidade de avaliar se a estratégia de SI deve ser planejada separadamente ou se é um processo contínuo, no qual as novas idéias surgem ao longo das operações. Atualmente não faz mais sentido discutir se a TI é estratégica ou não, sendo a questão deslocada para como utilizar a TI de forma alinhada à estratégia organizacional. E, nesse contexto, ressurge a problemática de como conduzir o processo de formulação estratégica, destacando-se o papel do planejamento estratégico.

O ponto de partida desses autores é a escola descritiva, na qual a formulação da estratégia é vista como um processo de aprendizagem. Assim, busca-se uma transposição das idéias da escola prescritiva para a área de planejamento estratégico de SI.

O modelo de PESI, analisado no Capítulo 7 deste livro, propõe contribuições que vão além dos modelos de base tecnicista existentes (escola prescritiva), procurando enfocar o processo decisório e incorporar uma abordagem evolutiva na linha do incrementalismo lógico. Por outro lado, o processo busca utilizar uma abordagem de aprendizagem organizacional, em que as soluções são construídas pela própria empresa evoluindo de dentro da organização, e não exclusivamente da área técnica (escola descritiva).

Além da incorporação de elementos originados nos estudos de processo decisório e de aprendizagem organizacional, o modelo de PESI objetiva estender-se criando elos entre os componentes e etapas do processo de planejamento de negócio e o processo de planejamento de sistemas de informação. Isso se dá pela promoção do alinhamento estratégico com uma visão de continuidade do ajuste permanente entre tais elementos, compondo uma completa integração entre as estratégias de negócio e de SI.

A nova visão do planejamento estratégico tem sido, na verdade, uma busca de mecanismos que permitam a articulação e a elaboração de estratégias ou visões de futuro na organização. O verdadeiro processo de formulação de uma estratégia acontece ao capturar o que os administradores aprendem de todas as fontes (tanto os *insights* de suas experiências pessoais quanto os números coletados em pesquisas) e ao sintetizar esse aprendizado em uma visão da direção que o negócio deveria perseguir (Mintzberg, 1995).

Sob esse aspecto, a definição de estratégias não é resultado exclusivo do processo de planejamento estratégico, mas o produto de um conjunto de processos que contribuem para o estabelecimento de uma estratégia. Ward e Griffiths (1996) apontam três processos considerados essenciais:

- planejamento estratégico, sistemático e abrangente, possibilitando o desenvolvimento de um plano de ação;
- pensamento estratégico, criativo, empreendedor e imaginativo adequado às características da organização, tornando o planejamento estratégico viável em seu desenvolvimento;
- processo de tomada de decisão oportunista, possibilitando uma postura proativa diante de fatos novos e oportunidades ao longo do processo.

Na formulação da estratégia, os estrategistas elaboram modelos mentais (Senge, 1990) por meio de processos decisórios, de processos intuitivos oriundos da experiência pessoal e de processos de aprendizagem organizacional, em que o indivíduo constrói realidades com base em diversos ciclos de aprendizagem, em um fluxo contínuo.

Assim, em oposição à antiga visão de planejamento estratégico que compunha um documento ou padrões e regras em uma visão mais estática (escola prescritiva), a formulação estratégica é dinâmica, com regras e padrões alterados conforme as necessidades das empresas diante das diversidades do ambiente. Assim, as atitudes e crenças dos estrategistas se alteram, influindo em suas aptidões e habilidades e, conseqüentemente, fortificando seus conhecimentos e sensibilidades. Esse ciclo acompanha o organismo vivo que é uma organização em processo permanente de mudança.

Dentro da nova visão de planejamento estratégico, espera-se que tal técnica auxilie na formulação estratégica e, como resultado, encaminhe o direcionamento da empresa para o futuro em um ambiente de oportunismo e adaptabilidade. Essas estratégias devem ser criadas e formuladas mesmo sob forte pressão de mudança e envolvimento de manobras políticas, já que elas fazem parte do processo decisório organizacional. O dilema fundamental no ambiente em que se vive atualmente é a necessidade de reconciliar as forças de estabilidade e de mudanças – focar esforços e ganhar eficiência operacional, por um lado, e adaptar e manter atualidade com a dinâmica do ambiente externo, por outro.

PLANEJAMENTO ESTRATÉGICO DE NEGÓCIOS (PEN): MODELOS E COMPONENTES

O uso de planejamento estratégico como uma técnica para desenvolver a *performance* efetiva de uma corporação foi sugerido por Henry Fayol em 1916 – "gerenciamento significa olhar adiante, no horizonte ... contextualizando o futuro e provendo a empresa para ele". Desde então, o conceito de estratégia de negócios vem evoluindo, tendo sido criados vários modelos, teorias e técnicas de gestão estratégica.

As estratégias devem permitir que as organizações formulem o rumo para seus negócios observando sua cadeia de valor (nichos de mercado, fornecedores, barreiras e entradas), sua flexibilidade, suas competências distintas (preço, qualidade e canais de distribuição), as regulamentações impostas pelo ambiente (governos, sindicatos) e algumas das estratégias genéricas de posicionamento e reorientação do negócio e de competitividade e inovação (Porter, 1990). A tecnologia também deve ser incorporada entre estas estratégias genéricas das organizações.

Uma das primeiras definições de planejamento estratégico surgiu com George A. Steiner, em 1967. Segundo ele, o planejamento estratégico é um processo de determinação dos principais objetivos de uma organização, das políticas e estratégias que a governarão, do uso e da disponibilização dos recursos para a realização dos objetivos. Tal definição é aplicável a todos os níveis organizacionais. Seu modelo conceitual de planejamento da estrutura e do processo do negócio apresenta as seguintes etapas (Figura 2.1): premissas, planejamento, implementação e revisão.

De acordo com o modelo, a etapa *premissas* sugere que a organização satisfaça as necessidades sócio-econômicas, direta ou indiretamente, provendo bens ou serviços e atuando como agente de transformação.

Cabe à etapa *planejamento* apontar para a organização o objetivo de tirar vantagem das oportunidades futuras, precavendo-se das ameaças com a definição de ações que possam reduzir seu impacto. Enquanto isso, busca-se atingir os objetivos estratégicos pela maximização das forças e pela minimização das fraquezas em quatro estágios básicos: definição do conjunto de objetivos; planejamento estratégico para atingi-los; planejamento operacional com definição dos objetivos de curto prazo, distribuindo as responsabilidades e alocando recursos; definição de uma interação (forte) entre corporação, negócio e níveis funcionais.

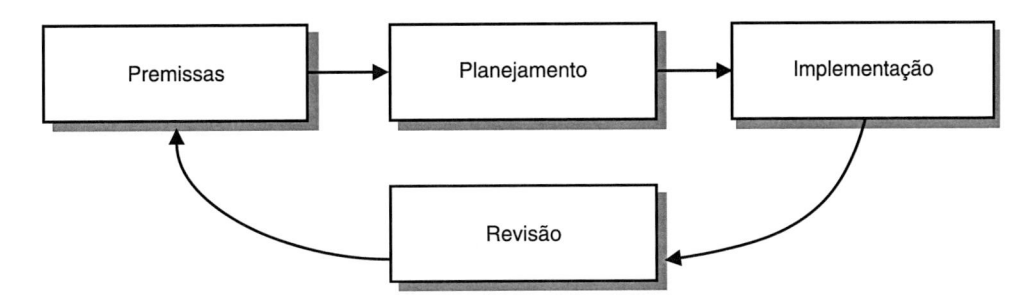

Figura 2.1 Modelo conceitual de planejamento estratégico (1969).
Fonte: Bhalla, 1987.

Nas etapas de *implementação e revisão,* a organização deve executar as atividades definidas para operacionalização do plano e alcance dos objetivos, sendo necessário constante acompanhamento e adequação do conjunto de definições à realidade. Pequenos desvios podem ser corrigidos no momento; grandes desvios exigirão uma revisão total no processo de planejamento.

Uma revisão conceitual aprofundada junto aos modelos de planejamento estratégico dos vários autores de renome antes mencionados mostra o processo de planejamento estratégico como um importante instrumento para a gestão estratégica. Sugerem-se etapas estendidas e complementares às etapas de Steiner, principalmente no que diz respeito à operacionalização do processo, sendo que sua execução deve ser seqüencial e estruturada a partir das seguintes etapas:

- *Premissas* – devem sugerir à organização satisfazer as necessidades sócio-econômicas, de forma direta ou indireta, provendo bens ou serviços e atuando como agente transformador.
- *Planejamento* – deve ter por objetivo a vantagem competitiva e o aproveitamento de oportunidades futuras, a superação das ameaças pela definição de ações que permitam reduzir seu impacto, maximizando suas forças e minimizando suas fraquezas.
- *Estratégias genéricas (formulação)* – compõem o plano que integra a missão, os objetivos organizacionais (o que se quer e quando será alcançado), políticas (regras que expressam os limites para as ações) e seqüência de ações (programas especificados passo a passo com as ações necessárias), formando um corpo coeso.
- *Planos de ação* – devem discriminar em detalhes a programação e as atividades para a realização das estratégias de longo prazo; devem abranger recursos pessoais e materiais, temporais e financeiros, necessários para atingir os objetivos organizacionais.
- *Implementação* – a organização deve executar as atividades definidas para operacionalização do plano e alcance dos objetivos, promovendo permanente acompanhamento e adequação do planejamento à realidade.
- *Revisão e avaliação* – determinam ajustes nos desvios ocorridos durante a implementação.

Deve-se destacar o modelo de planejamento apresentado por Boar (1993) que, segundo o próprio autor, apresenta características de três escolas[1] (Mintzberg, 1998): escola de *design*, escola de planejamento e escola de posicionamento. Seu modelo concentra-se basicamente no elenco dos elementos e dimensões já mencionados, apresentando como peculiaridade a visão de estratégia em constante movimento. O autor expressa que o modelo de planejamento estratégico deve representar esse movimento pelas direções e concentrações de esforços na continuidade dos negócios em áreas estratégicas, na visão de comprometimento das pessoas com as mudanças e na visão do componente de *feedback* durante a execução (vigilância e aprendizado sobre os projetos desenhados).

O modelo apresentado na Figura 2.2 expressa a ação da gestão estratégica de movimentação do negócio da posição em que se encontra para a posição futu-

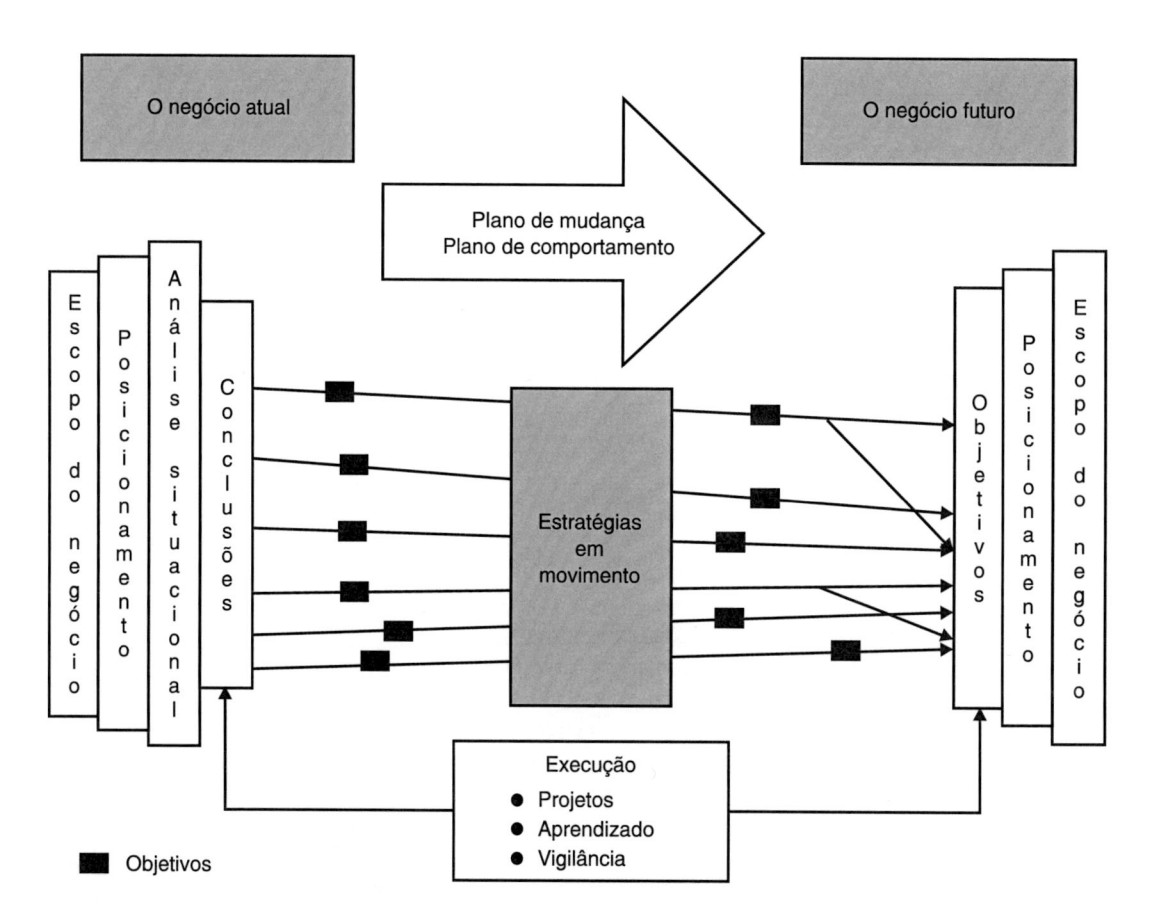

Figura 2.2 Modelo de planejamento estratégico em movimento.
Fonte: Boar, 1993.

---

[1] A Escola de *Design* teve origem com Selznick (1957) e Chandler (1962) e propõe a formação da estratégia como um processo de concepção. A Escola de Planejamento teve início com Steiner (1969), propondo a formalização do processo de planejamento em etapas claramente definidas. A Escola do Posicionamento foi rediscutida por Porter (1990) e propõe a formação da estratégia como um processo analítico.

ra, considerando que uma estratégia de ação é uma estratégia de força cuja conseqüência é esse movimento. Comparativamente, Mintzberg (1998) define essas estratégias como uma forma de pensar no futuro integrada ao processo decisório e com base em um procedimento formalizado (planos de ação). As mudanças de rumo, caso ocorram, devem acontecer o mais breve possível. Para tanto, as organizações devem configurar-se em estruturas flexíveis e articuladas, permitindo velocidade de ação ou redirecionamento estratégico.

O planejamento estratégico tem sido, na verdade, uma programação estratégica, isto é, a articulação e a elaboração de estratégias ou visões que os administradores aprendem de todas as fontes (tanto os *insights* de suas experiências pessoais quanto os números coletados em pesquisas), que são sintetizadas para obtenção da direção que o negócio deveria perseguir e das metas a atingir ao longo de um horizonte de planejamento. Esse processo de geração e formulação estratégica do negócio não pode ser separado da estrutura, do comportamento e da cultura organizacional. Por isso, o processo de planejamento como um todo deve ser observado sob dois importantes aspectos: formulação e implementação das estratégias (Andrews in: Quinn et al., 1988).

A formulação de estratégias pode ser concebida como um processo de criação empreendedor e imaginativo, em que os executivos (estrategistas) decidem como agir em relação ao futuro, identificando oportunidades e riscos e determinando recursos disponíveis, sejam eles financeiros, pessoais ou materiais. Enquanto o processo de planejamento estratégico como um todo é sistemático e abrangente, possibilitando o desenvolvimento de um plano de ação, a etapa de formulação de estratégias pode derivar de vários estágios do pensamento e do envolvimento com o processo decisório de solução de problemas e escolha de alternativas para a ação.

O dilema fundamental da formulação de estratégias é harmonizar a necessidade de reconciliar forças para estabilidade e para mudanças – focar esforços e ganhar eficiência operacional – e simultaneamente manter e adaptar a atualidade à dinâmica do ambiente externo (Mintzberg, 1994). A adoção e a implementação das estratégias formuladas representa outra grande dificuldade enfrentada pelas organizações, pois pode requerer ajustes internos em relação à estrutura administrativa (regras, responsabilidades), à forma de realizar os processos (operação e fluxo) e à maneira de agir das pessoas (experiência, competência, valores, normas) (Luftman, Lewis e Oldach, 1993).

Na maioria das organizações, os processos de tomada de decisão são de natureza política, e uma nova estratégia pode ser encarada como uma ameaça ao contexto e à cultura tradicional da empresa (Ansoff e McDonnell, 1993). As estratégias só têm valor quando as pessoas a quem se confiou algo enchem-nas de energia. Se o *staff* não adotar as idéias concebidas na formulação das estratégias, a resistência à sua implementação será maior. Por isso, para uma efetiva implementação das estratégias de negócio, é fundamental que haja engajamento de todos os membros envolvidos durante todo o processo de formulação das estratégias.

Durante a implementação da estratégia, busca-se atingir os resultados com base em três componentes básicos: (a) estrutura e relacionamento organizacional (divisão dos trabalhos, coordenação e ferramental de TI), (b) processos e comportamentos organizacionais (medidas, motivação, sistemas de controle e capacitação) e (c) liderança de topo (patrocínio para o processo). Uma vez determinado o propósito de todo o processo, os recursos (pessoal, estrutura, processos, finanças) devem ser ajustados entre si. É nessa fase do planejamento estratégico que as regras de liderança têm especial importância, sendo muitas vezes decisivas para o acompanhamento da execução (Andrews in: Quinn et al., 1988).

Vale destacar a conotação dada pelos autores da área de sistemas de informação para a forma de operacionalização do processo de planejamento estratégico (Gottschalk, 1999; Lederer e Salmela, 1996). É na sua implementação e exeqüibilidade que reside o seu sucesso. Alguns estudos mostram que essa etapa do processo é importante por várias razões. Em primeiro lugar, falhas na condução do plano podem causar perda de oportunidades, duplicar esforços, incompatibilizar ações e desperdiçar recursos. Em segundo lugar, o alcance dos objetivos especificados no plano depende diretamente de sua implementação. Em terceiro lugar, ambientes em mudança são ambientes em movimento. Conseqüentemente, para que as transformações das estruturas e dos processos organizacionais sejam bem-sucedidas, é indispensável que haja coordenação, forte comprometimento e compreensão da situação por parte dos envolvidos.

Por último, o estabelecimento de prioridades e a manutenção destas ao longo do horizonte de planejamento podem se tornar um problema na implementação de todas as ações definidas na etapa de formulação. Dessa forma, instrumentos para monitoramento e controle do processo são apreciados como reguladores da situação.

PLANEJAMENTO ESTRATÉGICO DE SISTEMAS DE INFORMAÇÃO (PESI)

O planejamento estratégico de sistemas de informação é o processo de identificação de um portfólio computadorizado de aplicações para dar suporte ao plano de negócios da organização e auxiliar na concretização dos objetivos organizacionais (Lederer e Sethi, 1988). Muitas pesquisas têm sido direcionadas visando ao aprimoramento do processo de planejamento de SI.

Nas décadas de 80 e 90, algumas metodologias de PESI começaram a emergir, e a alta gerência das organizações passou a ser envolvida na prática de planejamento estratégico. Modernamente, com a evolução de novas tecnologias, como a Internet, comércio eletrônico, EDI e SII, o processo de planejamento tem sido consistentemente identificado pelos executivos de informações (CIO) como uma atividade essencial para o bom gerenciamento dos recursos de TI.

Os estudos nessa área investigam o alinhamento das estratégias de SI e de negócios (Henderson e Venkatraman, 1993; Reich e Benbasat, 1996; Brodbeck, 2001); o papel da aprendizagem organizacional (Baets, 1998; Reponen, 1998; Audy, 2001); a identificação de oportunidades para tirar vantagens competitivas aplicando TI (Porter e Millar, 1995); a análise dos processos internos e a dispersão de dados através da organização (Brancheau e Wetherbe, 1987); o impacto do ambiente em transformação (Salmela, 1996); e a implementação dos planos (Lederer e Salmela, 1996; Gottschalk, 1999).

Analogamente ao escopo de planejamento da área de negócios, esses estudos focam a TI como uma das estratégias básicas a serem definidas no plano de negócio, principalmente quando habilitadoras para desenvolver, produzir, vender e distribuir novos produtos ou serviços com base em informação, ou quando promotoras de mudanças drásticas na organização (Ward e Griffiths, 1996). Por exemplo, a criação de caixas eletrônicos proporcionou um novo padrão de negócio entre bancos e usuários, alterando hábitos e reduzindo custos da operação. Por outro lado, a implementação de um sistema integrado de gestão (ERP), para suportar essas transações do negócio e proporcionar aos usuários informações imediatas, promoveu mudanças na gestão estratégica dessas corporações.

Um enfoque similar foi considerado por Venkatraman (1997), evidenciando a TI como promotora de mudanças estratégicas nas organizações por três tipos de usos da TI, que ele classificou como "revolucionários": o redesenho do processo do negócio, em que a TI é aplicada para realinhar as atividades e relacionamentos do negócio na busca de maior *performance*; o redesenho dos relacionamentos do negócio, em que a TI é utilizada para agregar valor ao negócio, envolvendo toda a cadeia de valor; e a redefinição do escopo do negócio, em que a TI é parte de uma extensão dos produtos e mercados, alterando alguns dos papéis das organizações.

Enfim, diversos são os autores (Lederer e Sethi, 1992; Gottschalk e Lederer, 1997; Reponen, 1998) que examinam a natureza do planejamento estratégico na área de sistemas de informação. Dessa forma, estudos são desenvolvidos com o intuito de avaliar se a estratégia de SI deve ser planejada separadamente ou se é um processo contínuo, no qual as novas idéias surgem ao longo das operações. O ponto de partida de tais autores é a escola descritiva (Mintzberg, 1995), para a qual a formulação da estratégia é vista como um processo de aprendizagem.

Atualmente, o PESI está se tornando uma atividade crítica para muitas organizações. Alguns aspectos relacionados ao aumento das pressões dos negócios, riscos, competências e da relação preço/*performance* têm servido para mudar os papéis e as funções da TI, incluindo a sua utilização na obtenção de vantagens competitivas e na transformação dos processos, estrutura e relacionamentos do negócio. Com isso, está se tornando difícil separar os aspectos de planejamento de TI dos de negócio. É importante usar as ferramentas e técnicas de análise e planejamento estratégico do negócio para assegurar que o enfoque do planejamento estratégico de TI esteja inter-relacionado com os padrões do gerenciamento estratégico do negócio.

Novamente, vale ressaltar a similaridade e a abrangência dos termos referentes ao processo de planejamento na área – PESI e PETI. Autores centrados em estudos sobre o processo e sua metodologia, como King, Lederer, Sethi, Salmela, Audy e Becker, seguem a linha que considera a expressão "sistemas de informações" mais abrangente do que "tecnologia da informação", estando esta associada à infra-estrutura tecnológica de suporte aos sistemas de informações, processos e pessoas. No entanto, autores centrados em estudos sobre alinhamento estratégico, como Venkatraman, Benbasat, Reich, Chan e Brodbeck, consideram "tecnologia da informação" mais abrangente. Conforme salientado anteriormente, neste livro, utilizam-se tais expressões de forma equiparada.

PESI: modelos e componentes

O modelo de PESI apresentado por King (1978) é um clássico, servindo de base para os modelos atuais. O modelo apresenta três etapas para o processo de planejamento: *diagnóstico* (análise da situação atual), *planejamento* (definições das entradas e saídas informacionais, recursos e outros itens) e *execução* (implantação das definições e controle do cumprimento das metas por medidas de *performance*).

Em estudos complementares, Prenkumar e King (1991) consideraram o PESI como um processo, identificando como fator importante para o seu sucesso a existência de planos integrados pelos seguintes componentes:

- *Missão*, significando o papel que a informação e a tecnologia da informação exercem no contexto organizacional como parte da etapa de formulação do processo (criação/revisão da missão).
- *Objetivos de SI*, que são as medidas de *performance* do uso dos recursos das informações e da tecnologia de informação como parte das etapas de diagnóstico (avaliação dos objetivos implementados e extração dos objetivos futuros) e formulação do processo (definição dos objetivos futuros).
- *Políticas de SI*, identificadas como as "regras gerais" que deverão ser usadas para orientar o desenvolvimento dos SIs como parte da etapa de formulação do processo.
- *Estratégias de SI*, que significam as prescrições da "direção geral" para o desenvolvimento dos sistemas e para a composição da infra-estrutura de suporte tecnológico. Fazem parte da etapa de formulação do processo e representam o foco para a etapa de execução.
- *Programas de desenvolvimento*, que são as atividades e regras específicas que servem de guia para a implementação dos SIs e da tecnologia disponibilizada.

De forma similar aos estudos de Boar (1993) na área de negócios, Cassidy (1998) conceitua PESI como o movimento de uma posição atual tecnológica da organização para uma posição futura, observando as tendências de mercado. Esse movimento deve ser realizado cumprindo-se as seguintes etapas: análise da situação, contendo a descrição da posição atual do negócio e da TI; formulação de estratégias, contendo a descrição da posição futura do negócio e da TI; e implementação das estratégias, contendo o plano de desenvolvimento para alcançar a posição futura descrita.

O modelo de PESI elaborado por Torres (1994) apresenta a preocupação com uma identificação clara da filosofia e capacitação da empresa, destacando três elementos-chave: comprometimento, posicionamento estratégico do negócio e uso da TI. O comprometimento dos integrantes do plano deve ser obtido por meio de participação (trabalho em grupo) e capacitação (aprendizado e experiência) dos mesmos em relação à TI. O posicionamento estratégico da empresa, ou seja, das informações operacionais, gerenciais e corporativas e da estrutura interna (processos), tem reflexos na TI a ser adotada, influenciando no formato de gestão da informação e na estrutura organizacional.

O uso da TI pela empresa e a avaliação de seu impacto sobre a estrutura corporativa (atendimento externo e interno) devem estar focados nos resultados esperados em relação às estratégias definidas no plano de negócio (competitividade, sobrevivência, integração corporativa, eficiência e eficácia). A importância do processo de planejamento encontra-se justamente no alcance dos objetivos fixados para o futuro (movimento e direção futura), na alocação e sincronização dos recursos (desempenho) e na obtenção de vantagens competitivas.

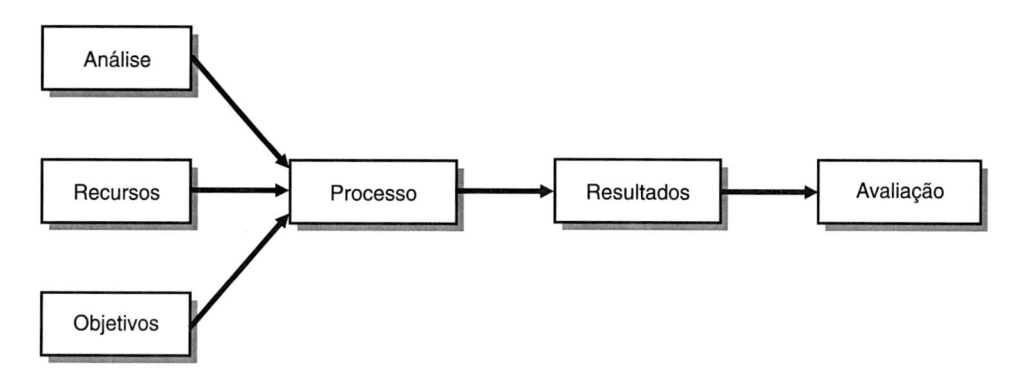

Figura 2.3 Modelo de PESI.
Fonte: King, 1988.

Gottschalk e Lederer (1997) procuram sintetizar os diversos estudos na área de planejamento de SI e identificando os principais objetivos do processo de planejamento como sendo:

- melhoria da *performance* da área de TI, seja pela alocação mais eficaz de recursos ou pelo aumento de produtividade dos analistas e programadores;
- *alinhamento* das estratégias de TI com as estratégias do negócio, possibilitando vantagens competitivas;
- *comprometimento* da alta administração, pela alocação dos recursos e resultados intermediários e incrementais;
- *antecipação* de tendências (inovação tecnológica contínua, evitando rupturas drásticas e altos investimentos);
- aumento do nível de *satisfação* dos usuários, oferecendo tecnologia compatível e de fácil manuseio.

Prescrições para PESI

Duas décadas de intensas pesquisas produziram um grande número de prescrições, métodos e diretrizes para serem aplicados no processo de PESI. Salmela (1996) apresenta uma síntese, dividida em seis categorias: objetivos, recursos, análise, processo, resultados e avaliação, derivadas do modelo de PESI (Figura 2.3) proposto por King (1988). O modelo prescreve uma abordagem operacional de desenvolvimento de uma avaliação abrangente de um processo de planejamento estratégico de SI em uma organização. Ele também descreve um sistema de planejamento de SI dirigido por três tipos de entradas (*inputs*) que geram resultados (*outputs*). Esse modelo foi testado em um amplo número de estudos empíricos.

Os objetivos do planejamento de SI são os propósitos para os quais o planejamento é desenvolvido. Desse modo, as prescrições de objetivos definem quais são aqueles que o PESI deve perseguir. As prescrições de recursos definem os recursos necessários e, igualmente, as pessoas-chave ou grupos que devem participar do processo de planejamento. As prescrições de análise definem quais entradas de informações são necessárias em um processo de planejamento. Dessa maneira, elas definem o conteúdo das análises que devem ser feitas.

As prescrições do processo auxiliam na organização do processo de planejamento. Elas definem como as interações dentro da equipe de planejamento devem ser organizadas, e como deve ocorrer a interação entre a equipe e outros grupos de trabalho na organização. As prescrições de resultados definem os itens que devem ser incluídos no plano resultante, além dos resultados organizacionais necessários para assegurar a implementação bem-sucedida do plano. Finalmente, as prescrições de avaliação definem o critério a ser usado na avaliação de um processo de planejamento de SI.

As prescrições do processo podem ser interpretadas como complementares de outras prescrições. O estabelecimento de objetivos, a seleção dos participantes, a condução das análises, a formulação dos resultados e as avaliações requerem um processo para serem atingidos. Neste estudo, todas as prescrições relacionadas com o processo de planejamento são listadas como prescrições do processo. As outras categorias de prescrições (objetivos, recursos, análise, resultado e avaliação) referem-se somente ao conteúdo de planejamento. A distinção entre o conteúdo e o processo reflete a forma como as prescrições têm sido sugeridas na literatura: as prescrições de processo normalmente referem-se ao planejamento como um todo, enquanto que as prescrições de conteúdo referem-se a uma tarefa específica.

Prescrições de análise

Em muitas formas, as análises realizadas dentro do processo de planejamento constituem o centro das atividades do planejamento de sistemas de informação (PSI). A qualidade do processo de planejamento é mais bem avaliada pelo nível de detalhe da análise das várias facetas do planejamento. Tais análises devem auxiliar os administradores a identificarem as necessidades de negócio, as oportunidades de tecnologia, assim como as capacidades e a posição presente da organização. Apesar de o planejamento estratégico de SI lidar extensivamente com tecnologia, é mais importante incorporar os ambientes de negócio atual e futuro da organização.

As prescrições de análise são:

- Estratégias e planos de SI devem ser baseados nas estratégias e planos de negócios.
- O planejamento de SI deve:
  - analisar tendências externas;
  - envolver análises políticas intra-organizacionais para compreender a influência relativa mantida pelas coalizões-chave de uma organização;
  - avaliar os investimentos em SI atuais na organização;
  - avaliar os recursos e habilidades na área de SI e em outras áreas da organização;
  - analisar as oportunidades criadas através do avanço da tecnologia da informação;
  - usar perspectivas múltiplas enquanto derivam-se decisões de SI a partir dos resultados de análises;
  - analisar as suposições e os riscos relacionados ao portfólio de aplicações existentes e planejadas.

Prescrições de recursos

A qualidade dos esforços do PSI é criticamente dependente da qualidade dos recursos do planejamento, assim como do tempo do pessoal, dos recursos financeiros, do tempo de processamento, etc. A carência de recursos adequados pode conduzir o processo de planejamento a uma redução do seu escopo ou a ser abortado nas fases subseqüentes do processo. Há também evidência empírica para indicar que a inadequação de recursos é um dos principais obstáculos no planejamento de SI. Desse modo, as considerações relativas a recursos, mais notadamente a seleção dos participantes do processo, são elementos importantes em qualquer processo de PSI.

As prescrições de recursos são:

- o processo deve envolver tanto pessoal não-técnico como especialistas em sistemas de informação;
- o processo do planejamento dos sistemas de informação deve abranger profissionais de diferentes níveis na organização;
- os membros da equipe de planejamento devem ser escolhidos preferencialmente com base nas suas habilidades, e não nas suas disponibilidades;
- para manter a continuidade do processo, as pessoas-chave devem ser mantidas no processo de planejamento desde o início até o seu final;
- executivos de alto nível devem atuar como padrinhos (*sponsors*), a fim de criar um clima de planejamento propício e assegurar a implementação sem maiores resistências ao plano.

Prescrições de objetivos

Objetivos são os propósitos específicos para os quais o planejamento de SI é direcionado. Operacionalmente, eles representam as razões para conduzir processos de PESI. Esses objetivos podem ser modestos, como, por exemplo, quando direcionados para o desenvolvimento de um esquema racional, visando a priorizar os sistemas de computação em desenvolvimento ou em fase de aquisição. Os objetivos também podem ser amplos, como, por exemplo, quando orientados para planejar abrangentemente as aplicações futuras de computadores e de tecnologias de comunicação em vários setores da organização. Na prática, a definição dos objetivos e das fronteiras para os processos de planejamento freqüentemente implicam um acordo implícito entre gerentes.

As prescrições de objetivos são:

- o escopo do planejamento deve ser mantido manejável;
- os objetivos do planejamento devem incorporar todos os aspectos relevantes do desempenho organizacional;
- os objetivos do planejamento de SI devem estimular a criatividade e o controle;
- a validade dos objetivos do planejamento deve ser avaliada por modelos múltiplos e critérios externos;
- os objetivos do planejamento devem refletir as expectativas dos administradores de alto nível.

Prescrições do processo

As prescrições do processo de planejamento concentram-se nos processos e nos procedimentos do planejamento de SI, sendo que a habilidade da organização para fornecer funcionalidade na área de TI requer um processo administrativo que garanta o alinhamento entre os negócios e os domínios da TI. As prescrições lidam primeiramente com as qualidades que o processo de planejamento deve possuir.

As prescrições de processo prevêem que:

- exista uma forte conexão entre o processo de planejamento do negócio e o processo de planejamento de sistemas de informação;
- o relacionamento entre as estratégias do planejamento do negócio e do planejamento de sistemas de informação seja considerado como um processo interativo;
- o planejamento de SI não ignore importantes eventos organizacionais e ambientais;
- o processo de planejamento de SI permita uma revisão contínua, já que os objetivos dos negócios são temporais por natureza;
- para encorajar um processo contínuo de planejamento, mesmo que intermitente, uma rede informal de necessidades de planejamento seja estabelecida ou alimentada;
- o planejamento de SI crie compromisso e suporte para o processo de planejamento como um todo;
- o processo de planejamento de SI permita uma ampla oportunidade para debater e ventilar diferentes pontos de vista, visando a obter consenso ao longo do processo;
- coalizões-chave sejam identificadas regularmente para acumular contribuições e apoio ao plano.

Prescrições de resultados

O resultado primário do processo de planejamento é o plano estratégico do SI – um documento que descreve o conjunto de decisões, a política e os planos desenvolvidos durante o processo de planejamento. Muitos pesquisadores têm enfatizado o fato de que o projeto do portfólio de aplicações é o principal resultado do PSI. Para isso, a existência de um esquema de prioridade para a seleção de projetos, em concordância com os objetivos da empresa, é esperada para aumentar a probabilidade de sucesso do processo. Um outro resultado importante é a identificação das aplicações com potencial estratégico.

Entretanto, dependendo dos objetivos e da extensão do processo de planejamento, os documentos resultantes podem incluir várias outras questões como, por exemplo, a missão da área de SI, os objetivos, a política, a estratégia, os programas de desenvolvimento, assim como os procedimentos de desenvolvimento e projeto de SI.

Apesar de os planos lidarem principalmente com as questões do SI, é importante notar que o planejamento deve conduzir a compromissos por parte dos usuários. Desse modo, implicações organizacionais relativas à etapa de implementação devem fazer parte do plano. Tais implicações são, por exemplo, as mudanças necessárias nas atividades organizacionais e a identificação das implicações das mudanças nos ambientes organizacionais, nas estratégias, nas circunstâncias e nas responsabilidades.

Planos para diferenciar o horizonte de tempo necessitam ser desenvolvidos de tal forma que os esforços de implementação sejam coordenados em curto prazo, mas integrados em um horizonte de tempo mais longo. Assim sendo, considerações de longo prazo precisam constar nos planos, mesmo que as organizações freqüentemente recompensem o comportamento que produz sucesso em curto prazo.

As prescrições de resultado são:

- o plano de SI deve definir um portfólio e um esquema de prioridades para os projetos na área de SI;
- as implicações organizacionais da implementação do plano SI devem ser incluídas no plano;
- os planos devem garantir que os esforços de implementação sejam coordenados em curto prazo, mas integrados a um horizonte de tempo mais longo;
- os planos devem ser formulados de tal modo que as implicações nos sistemas de informações decorrentes de nuanças nas circunstâncias/estratégias possam ser facilmente identificadas.
- o processo de planejamento de SI deve:
  - conduzir à identificação das aplicações com potencial competitivo;
  - conduzir a uma compreensão continuamente aperfeiçoada pelo gerenciamento do potencial dos sistemas de informação;
  - aumentar a consciência do pessoal da área de SI em relação aos objetivos organizacionais;
  - criar suposições compartilhadas ou ao menos clarear e, em última instância, reduzir o conflito presente em suposições imprecisas ou incertas;
  - criar uma linguagem comum entre o gerente de alto nível, a gerência de SI e as gerências usuárias;
  - garantir suporte organizacional para as decisões e um forte compromisso em relação aos recursos necessários.

Prescrições de avaliação

Alguns pesquisadores têm apontado que o processo de planejamento por si só deve ser continuamente avaliado e atualizado para garantir que a organização tenha um planejamento de forma apropriado. Os administradores devem monitorar a implementação dos planos não apenas para revisá-los, mas também para avaliar se os objetivos, recursos, análises, processo e resultados do planejamento, por si só, são apropriados. Tal monitoramento permite que os gerentes aperfeiçoem continuamente seus esforços de planejamento. A mesma ação, entretanto, deve ser realizada também para comprovar que os benefícios do planejamento de SI excedem seu custo.

Em relação às prescrições de avaliação, o processo de planejamento deve:

- incorporar um sistema de monitoração e diagnóstico para sua própria avaliação e aperfeiçoamento contínuo;
- ser avaliado de acordo com as prescrições e padrões de planejamento geralmente aceitos;
- ser avaliado em função dos objetivos específicos definidos;
- ser avaliado conforme os interesses, reclamações e objetivos de diferentes grupos na organização.

Prescrições de ambiente

O ambiente externo às organizações, altamente volátil e instável, bem como a evolução tecnológica cada vez mais acelerada, têm levado diversos pesquisadores a analisarem o impacto desses fatores no processo de planejamento de sistemas de informações (Audy, 2001). Assim, estudos mais recentes apontam claramente o surgimento de um novo grupo de prescrições relacionadas ao ambiente em que as organizações se encontram, particularmente quando tal ambiente é turbulento, no sentido de muitas e constantes mudanças (Salmela, 1997).

As prescrições de ambiente são:

- as organizações devem usar perspectivas de analise múltiplas e incluir a avaliação do ambiente competitivo em que atuam;
- a análise deve incorporar múltiplas alternativas e cenários futuros;
- planejadores devem buscar alinhamento entre as oportunidades que o ambiente oferece e os recursos da organização;
- os riscos associados a projetos de SI devem ser analisados em relação às variáveis fora do controle direto das organizações;
- o processo de planejamento de SI deve centrar-se em aspectos de eficiência no uso de recursos, visando a garantir a continuidade do esforço de planejamento frente a restrições orçamentárias futuras;
- o processo de planejamento deve permitir flexibilidade (atrasos) nos aspectos relacionados à tomada de decisão;
- o processo de planejamento deve tomar como base uma rede informal de planejadores;
- o processo de planejamento deve gerar um *framework* flexível para absorver mudanças motivadas pelo ambiente;
- o processo de implementação deve prever e executar um processo de revisão contínuo, a fim de mantê-lo ajustado às mudanças nos objetivos de negócios e requisitos de informações.

Abordagens de PESI

Estudando as abordagens utilizadas para o planejamento de SI, os pesquisadores têm descoberto que existem diferenças significativas entre os processos de planejamento de SI utilizados em diferentes empresas. Quatro elementos são essenciais na discussão das abordagens de planejamento (Salmela, 1996): abrangência das análises (McLean e Soden, 1977), formalismo do processo (Pyburn, 1993), local onde ocorre a tomada de decisão (Guimarães e McKeen, 1989) e escopo do processo de planejamento (Earl, 1993).

As abordagens identificadas são a seguir apresentadas, com a descrição das variações entre cada uma delas. Tais variações serão mais tarde usadas para caracterizar as diferenças entre as abordagens tradicionais e a abordagem deste livro, utilizando as contribuições das áreas de aprendizagem organizacional, processo decisório e alinhamento estratégico.

O Quadro 2.1 sintetiza os principais elementos de cada abordagem identificada.

Quadro 2.1 Elementos das abordagens de PESI

Tipologia	Elemento	Principal Autor	Variáveis
A	Abrangência das análises	McLean e Soden, 1997	Racional / intuitivo Analítico / experimental
B	Formalismo	Pyburn, 1993	Formal / informal Pré-definido / flexível Periódico / *ad hoc*
C	Decisão	Guimarães e McKeen, 1989	Centralizado / descentralizado
D	Escopo	Earl, 1993	Amplo / focado Nível organizacional / nível de projeto

Tipologia A: de abrangência

Mesmo que o PESI enfatize a necessidade de uma análise abrangente antes de uma organização se comprometer com um projeto específico de SI, as organizações diferenciam-se ao avaliar se tais análises devem ser feitas ou não. Algumas delas executam a seleção inicial amplamente baseadas na intuição, em detrimento de análises formais.

McLean e Soden identificam uma ampla variedade de abordagens (oito no total) usadas para identificar projetos potenciais. Mesmo considerando a existência de variações entre as abordagens, o uso de análises formais está entre as variáveis essenciais. Entretanto, enquanto algumas organizações utilizam análises voltadas a identificar aplicações de SI (de baixo para cima, derivada de cima para baixo e de baixo para cima), outras escolhem investimentos de SI dentro do planejamento de negócio (abordagem interativa) ou sustentadas na "intuição" dos gerentes de SI e gerentes de alto nível (aproximação isolada e reativa). Decisões de projeto são amplamente baseadas na intuição nas organizações que emulam os projetos de SI utilizados pelos seus competidores (aproximação emulativa).

Tipologia B: de formalismo

Se o planejamento é executado de acordo com as prescrições, as organizações usam uma combinação dos métodos de planejamento formal e de comunicação informal. Identifica-se, porém, que apenas poucas organizações podem de fato seguir integralmente as prescrições. Na prática, algumas confiam mais no planejamento formal, enquanto outras escolhem gerenciar seu planejamento SI de uma maneira mais informal.

Em um estudo exploratório, Pyburn analisa o processo de PSI em oito organizações diferentes. Na análise dos dados das entrevistas realizadas, em relação às práticas de PSI, surgem três abordagens: pessoal-informal, pessoal-formal e formal-escrita.

O estudo também inclui uma comparação das abordagens em termos de sucesso, sendo que nenhuma foi uniformemente bem-sucedida. O sucesso da abordagem de planejamento particular esteve mais condicionado às variações contextuais, tais como o *status* do gerente de SI, a volatilidade do negócio, a complexidade do ambiente de SI, os estilos pessoais dos gerentes de alto nível e a proximidade dos gerentes de SI e dos gerentes de alto nível.

Tipologia C: de decisão

As prescrições para o PESI indicam que o processo deve ser visto como uma atividade ampla que envolva toda organização. Para tanto, os gerentes de alto nível devem (pelo menos tentar) aprovar as decisões do projeto para garantir compromisso organizacional e suporte para o próprio projeto. Identifica-se, porém, que nem todas as organizações seguem essas prescrições.

Guimarães e McKeen estudaram o processo utilizado para a avaliação e seleção de projetos de SI em 32 companhias. Com base nos dados, os métodos formais utilizados para avaliar e selecionar os projetos foram agrupados em quatro classes distintas. As características discriminantes entre os diferentes mecanismos de seleção estão no nível hierárquico onde ocorre o processo decisório: em algumas organizações, são os gerentes de alto nível que tomam as decisões de SI, enquanto que em outras as decisões são delegadas aos usuários, ao departamento de SI ou a um comitê executivo.

Novamente, nenhuma das abordagens foi considerada como universalmente bem-sucedida, pois cada uma das abordagens apresentou diferentes vantagens e desvantagens para a organização no desenvolvimento das aplicações do seu portfólio. A escolha da abordagem mais apropriada foi determinada como dependente de quatro variáveis: cultura organizacional, arquitetura de controle, geração de desvios nos mecanismos de seleção e tipo de projeto.

Tipologia D: de escopo

De muitas formas, a tipologia de Earl (1993) fornece uma síntese das três tipologias prévias. Seu estudo foi baseado em entrevistas com gerentes de alto nível, gerentes gerais e gerentes de linha em 27 organizações. As entrevistas revelaram que as organizações estão usando cinco diferentes abordagens de PESI: conduzida pelo negócio, conduzida pelo método, administrativa, tecnológica e organizacional.

A tipologia fornecida por Earl corrobora a visão de McLean e Soden, em que as organizações usam estratégias de análise diferenciadas para identificar as aplicações de SI. Enquanto que algumas organizações usam análises extensivas para identificar e priorizar os projetos potenciais (abordagens conduzida pelo negócio, conduzida pelo método, administrativa e tecnológica), outras não confiam nas técnicas de projeto mais abrangentes (abordagem organizacional). Entre aquelas que utilizam análises abrangentes, algumas adotam uma abordagem de cima para baixo (direcionada pelo negócio ou pelo método), enquanto que outras enfatizam as necessidades do usuário (administrativo) ou da tecnologia (tecnológica).

Essa tipologia também sustenta os resultados da pesquisa de Pyburn, que indicam que o grau de formalismo nos processos de PESI variam. Em algumas organizações, a comunicação entre os planejadores de SI e os gerentes de negócio é baseada em processos formais e documentos escritos (abordagens dirigidas pelos negócios, pelo método e tecnológica). Mas há organizações onde o PESI tem como base as discussões em reuniões estruturadas (abordagem administrativa), e há organizações onde o planejamento confia nos contatos informais (abordagem organizacional). Como foi o caso na tipologia de Guimarães e McKeen, o nível em que ocorre o processo decisório é também visto como um fator que diferencia as abordagens: muitas abordagens de planejamento enfatizam as visões dos departamentos de SI e dos especialistas (abordagens dirigidas pelos negócios, pelo método e tecnológica), enquanto os usuários interpretam o processo como remoto. Além disso, existem abordagens que associam grande poder de decisão aos usuários e gerentes de alto nível (abordagens administrativas e organizacionais).

As pesquisas de Earl enfatizam as diferenças no escopo mais do que as outras abordagens. Algumas organizações despendem muito tempo e esforço para gerar um processo abrangente de planejamento de SI (abordagens dirigidas pelos negócios, pelo método e, principalmente, abordagem tecnológica). Outras fazem as escolhas de nível organizacional quase que intuitivamente, e o principal esforço de planejamento ocorre de modo individual nos projetos de SI (abordagem administrativa e, principalmente, abordagem organizacional).

3

A implementação do PESI

ASPECTOS SOBRE A IMPLEMENTAÇÃO DO PESI

A implementação de um plano de SI exige uma série de passos que devem ser dados pelos agentes do processo de mudança, quando essa mudança é planejada para implantar as alterações definidas e decorrentes do processo de planejamento, nas dimensões tecnológica e organizacional.

Segundo Lederer e Salmela (1996), a implementação de planejamento estratégico de SI é o processo de execução das mudanças planejadas. Isso implica o desenvolvimento e a instalação de uma arquitetura para os sistemas definidos, a geração dos bancos de dados, a instalação dos sistemas de comunicação, bem como a criação das mudanças organizacionais e treinamento dos usuários e gerentes.

Pode-se identificar também um conjunto de fatores críticos para o planejamento de SI que poderão influir na implementação dos planos: preparação de um plano de migração, obtenção de requisitos aproximados, avaliação das potencialidades e fraquezas das TIs disponíveis, consideração do estilo gerencial da organização, agregação de valor e redução de custos.

Dessa forma, buscando-se uma síntese, são identificados os pontos considerados críticos em relação à implementação dos planos:

- coordenação;
- comprometimento;
- aprendizagem;
- documentação;
- *performance*;
- alocação de recursos.

Na tentativa de identificar e sintetizar os diversos estudos nessa área, Gottschalk e Lederer (1997) apontam 14 práticas que influem na implementação dos planos de SI, conforme a Figura 3.1 a seguir:

```
┌─────────────┐                                    ┌──────────────┐
│    PESI     │──────────────────────────────────▶ │     PESI     │
│  Aprovado   │                                    │ Implementado │
└─────────────┘                                    └──────────────┘
       ↖          ↖           ↖            ↖
   ( Gerência )  ( Documentação )  ( Recursos )  ( Usuários )
```

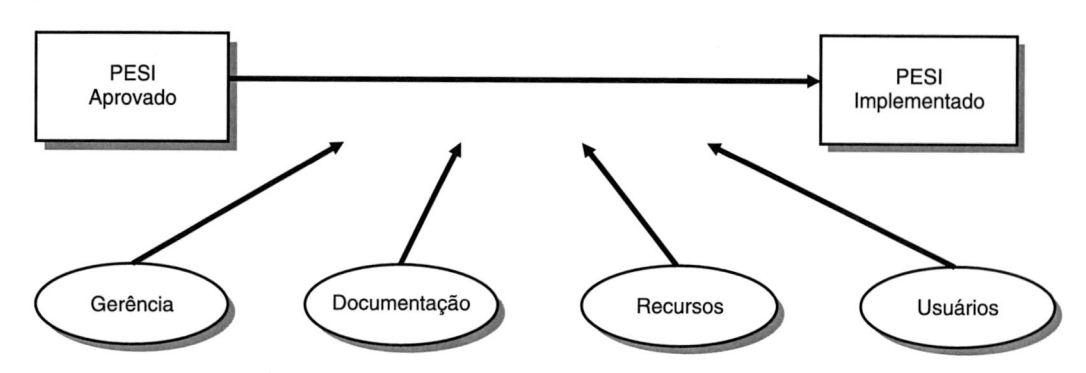

Figura 3.1 Modelo para pesquisa de implementação.
Fonte: Gottschalk e Lederer, 1997.

No grupo de *Gerência*, os seguintes aspectos estão envolvidos: acompanhamento da gerência no processo de implementação, comprometimento dos níveis gerenciais com o resultado, ações gerenciais desenvolvidas para prover os recursos necessários para a implementação e ações gerenciais para evitar resistências ao processo de mudança.

O segundo grupo, de *Documentação*, responsabiliza-se pelos seguintes aspectos: documentação dos benefícios potenciais no plano, relevância dos projetos em relação aos objetivos organizacionais (alinhamento), análise do processo de implementação no plano, clareza de apresentação do plano e compreensão dos conteúdos do plano.

No conjunto de itens referentes a *Recursos*, os aspectos relevantes estão relacionados à disponibilidade de profissionais (especialistas e gerentes) na área de SI e à disponibilidade e acessibilidade às TIs necessárias.

Finalmente, quanto aos *Usuários*, os aspectos relevantes são relativos ao processo de treinamento dos usuários, envolvimento dos mesmos no processo de planejamento e implementação, e eliminação das resistências para a adoção do plano proposto.

Normalmente, o processo de implementação é tratado como um caso de processo de gerência de inovação e mudança organizacional. Assim, a implementação é o construto representado pelo trajeto entre o "Plano Aprovado" e o "Plano Implementado". Esse trajeto é influenciado pelas 14 práticas descritas anteriormente (indicadas nos grupos Gerência, Documentação, Recursos e Usuários). Pode-se constatar que esse construto é marginalmente discutido na literatura da área. A realidade mostra que os planos aprovados, que em seu início de execução apresentam uma expectativa de implementação de 100%, terminam por ser parcialmente implantados. As razões para isso podem ser encontradas nas práticas ora descritas que causam alterações nas prioridades, sendo que as expectativas de implantação vão diminuindo à medida que o tempo passa.

A implementação de planos de SI é atualmente um importante tema nas organizações, visto que lida com dificuldades fundamentais: todos os problemas identificados passam a ser considerados práticas que podem ser resolvidas adequadamente, aumentando o grau de implantação dos planos.

Diversos estudos de base empírica identificaram práticas críticas no processo de implementação, resumidas a seguir:

- falta de comprometimento da alta administração;
- não-alocação dos recursos previstos, gerando problemas de base tecnológica e aumentando a resistência do pessoal;
- dificuldade de recrutar profissionais qualificados, como principal barreira;
- ausência de um sistema de monitoração para acompanhar a implementação e gerar *feedback*;
- dificuldade de compreensão do plano por parte dos envolvidos;
- problemas de comunicação interna e externa;
- preparação inadequada do plano de migração.

Como conclusão, identifica-se que a grande maioria dos aspectos relacionados como práticas que influenciam a implementação dos planos na área de SI está vinculada a tópicos tratados pela aprendizagem organizacional. Para tanto, a incorporação dos princípios e técnicas de aprendizagem pode ser uma resposta efetiva para as dificuldades apontadas. Dos principais aspectos identificados como relevantes no processo por cada autor em suas pesquisas, fica claro o ponto de união: todos referem-se a questões de aprendizagem (objetivos compartilhados, modelos mentais, comprometimento e participação).

A incorporação do plano de implementação e de migração bem como a definição das estratégias de mudanças devem fazer parte do próprio plano, visualizando o processo de planejamento como um contínuo, bem como um processo de aprendizagem. Se aqueles que planejam a estratégia forem também responsáveis pela sua implementação, tal estratégia será mais do que um relatório formal com objetivos não muito claros ou aceitos (compartilhados). Diversos autores abordam esta questão, tais como De Geus, Argyris, Senge, Kolb e Swieringa. A posição de De Geus (1995) é particularmente clara ao afirmar, sem hesitação, que o processo de planejamento estratégico em si é um processo de aprendizagem.

METODOLOGIAS DE IMPLEMENTAÇÃO DE PESI

Uma outra consideração sobre a implementação dos planos estratégicos pode ser vista na ligação entre os requisitos para a implementação e as metodologias de implementação. A maior parte das metodologias busca os mesmos requisitos, ou seja, melhorar a *performance*, agregar valor ao negócio e ampliar o mercado da empresa, entre outros. Nesse contexto, é necessário conhecimento, coordenação, comprometimento das pessoas, ajustes de estrutura e ambiente organizacional.

Em seus estudos na década de 70, King (1978) propôs uma metodologia de implementação do planejamento estratégico de SI que pudesse ser usada para integrar estratégias de TI e estratégias de negócio. Essa metodologia enfatiza que o conjunto de estratégias de TI representadas pelos objetivos e projetos dos sistemas deve ser derivado do conjunto de estratégias organizacionais, representadas pela missão, pela estratégia, pelos objetivos e por outros atributos organizacionais constantes no plano de negócio.

Esses estudos deram início a algumas das mais conhecidas metodologias de planejamento estratégico de TI, como a BSP (Business Systems Planning) da IBM, a PAC (Planejamento Apoiado no Conhecimento) da Unisys, a Engenharia da Informação (Martin, 1991) e, recentemente, a metodologia BPR (Business Process Redesign) (Hammer e Champy, 1993; Kettinger e Grover, 1995; Kettinger, Teng e Guha, 1997).

A metodologia BSP foi criada nos anos 70 e mostrou-se a mais utilizada ao longo dos últimos anos. Trata-se de uma metodologia de planejamento focada nos recursos disponíveis para a implementação da TI pela organização e, assim sendo, explora o relacionamento dos sistemas com os negócios das organizações. A sua visão de base é de um processo de planejamento estático, *top-down* (de cima para baixo), em que se desenha o plano de capacitação tecnológica, implementa-se tal plano e encerra-se o processo. As técnicas e instrumentos de coleta de dados utilizados são reuniões, entrevistas estruturadas, listagem de problemas e relatórios atualizados. A metodologia apresenta quatro elementos de base para o planejamento de SI: processos, organização, sistemas e dados, que formam uma matriz conhecida como *iron cross*.

Se considerarmos a metodologia como um dos agentes de transformação da organização em que processos e regras estão sendo alterados e, conseqüentemente, o formato de trabalho das pessoas, podemos comparar os elementos da BSP com as quatro forças de influência nas transformações das organizações apresentadas por Galliers e Baets (1998). Observa-se também que, na metodologia BSP, não existe intenção de movimento; as regras estão mais voltadas para a operação básica da empresa, e não para as operações estratégicas. Dessa forma, o comportamento organizacional é interpretado como adesão da alta administração, e não como mudanças de valores e comprometimento por parte dos usuários, não sendo considerada a aprendizagem organizacional.

A fim de superar as fraquezas da metodologia BSP, outras metodologias foram sendo criadas: a BIAIT (Business Information Analysis and Integration Technique) e a BICS (Business Information Characterization Study), enfocando a necessidade de modelos organizacionais diferenciados representados nos SI. No final de 1970, foi desenvolvida uma abordagem para tratar e orientar as aplicações de SI, a FCS (Fatores Críticos de Sucesso) (Rockart, 1979), em que o processo de planejamento está centrado na análise do ramo de atuação, na identificação dos FCS e, assim, na identificação dos SI para controle dos FCSs. Infelizmente, essas abordagens mostravam-se bastante fragmentadas e particionadas em pontos que a BSP não considerava. Ainda na década de 80, surgiram novas abordagens associadas ao uso e aos impactos da tecnologia no âmbito das organizações, destacando-se a abordagem dos estágios de crescimento (Nolan, 1979), a Engenharia da Informação (Martin, 1991) e a abordagem da matriz de infusão e difusão (Sullivan, 1985), entre outras.

No início de 1980, surgiu a metodologia PAC, que pode ser definida como uma metodologia estratégica e estruturada para elaboração de planos diretores de informática baseados em modelos já conhecidos e adaptados para soluções específicas da organização. Esse tipo de metodologia conduz o processo na forma *top-down*, incorporando a abordagem de FCS para funções e atividades. A preocupação com os aspectos estratégicos fica evidente pelo questionamento dos FCSs, apesar de os mesmos serem definidos de forma ampla e mais dirigidos aos aspectos internos da empresa. Nessa metodologia, o conceito de função está estreitamente relacionado ao conceito de processo utilizado na BSP. Também aqui, o processo de implementação é estático, e o aprendizado não é considerado.

Nolan (1979) apresenta um modelo composto de seis estágios, caracterizando a evolução do uso da informática: iniciação, contágio, controle, integração, administração de dados e maturidade. Comparando essa abordagem com a abordagem sobre aprendizado de Reponen (1998), observa-se que a intenção do autor era de evidenciar a evolução do conhecimento pelos usuários das técnicas dos SIs. Assim, pode-se afirmar que essa abordagem pode ser um início para a condição do movimento no planejamento estratégico, representada por Boar (1994) em seu modelo.

A matriz de Sullivan (1985) evidencia o relacionamento da estrutura da empresa com a estrutura dos SIs, em que, por infusão, o autor refere-se ao grau de penetração da TI na organização e, por difusão, ele refere-se ao grau de disseminação da TI. Por analogia, essa abordagem provavelmente deu início aos estudos sobre os níveis de transformação organizacional em decorrência da TI, apresentados por Venkatraman (1994) e por Tapscott (1997), em que as organizações alteram suas estruturas de acordo com as novas tecnologias. Por exemplo: de um ambiente gerencial diretivo para um ambiente mais participativo, de uma estrutura hierárquica e centralizada para uma estrutura em rede e descentralizada.

Na última década (1990) surgiram metodologias de reestruturação organizacionais que visam à contínua melhoria dos esforços despendidos com o negócio. O novo enfoque, chamado de BPR, foi considerado inovador. Essa metodologia propõe uma inovação total na estrutura organizacional e na forma de conduzir o negócio; as dimensões tecnológicas, humanas e estruturais da organização são alteradas. Como parte do processo de redesenho, encontramos o realinhamento, as fusões, as consolidações, as integrações operacionais e a reorientação das práticas de distribuição (Venkatraman, 1997; Turban, McLean e Wetherbe, 1999).

A TI disponibilizada pelos SIIs (Sistemas de Informação Integrados), representados pelos sistemas de ERP (Enterprise Resource Planning) existentes no mercado (SAP, JD Edwards, Baan, etc.), assume o papel principal na operacionalização de tal metodologia, provendo a automação dos processos do negócio, permitindo a condução centralizada do negócio em diferentes localidades e contribuindo para a promoção do alinhamento estratégico entre PEN e PESI. Além da redução dos custos de operação do negócio, os SIIs permitem a sua flexibilização, a rápida distribuição através do suporte logístico entre a cadeia de fornecedores, distribuidores e varejo, e outros aspectos que contribuem para a alavancagem do negócio em relação à concorrência. Mas a maior vantagem obtida com a sua implementação é o fornecimento de informações para a gestão estratégica do negócio, permitindo rápidas mudanças e reorientações estratégicas.

Aspectos gerais da metodologia BPR

A metodologia BPR é baseada em mudanças radicais, absolutas, revolucionárias ou incrementais, compreendendo uma proliferação de metodologias, técnicas de gestão e implementação para atender ao negócio como um todo – intrafuncional, interfuncional e interorganizacional (Kettinger, Teng e Guha, 1997).

O início dessa metodologia se deu com Hammer e Champy (1990) com os conceitos de liderança *top-down*, habilitação da TI, processamento paralelo e comprometimento, seguido por Davenport (1994) com as técnicas de TQM (Total Quality Mangement), reengenharia e participação *bottom-up*. Em 1995, Kettinger e Grover (1995) apresentaram os conceitos associados a essa metodologia de transformação dos subsistemas de gerenciamento (estilo, valores, indicadores), pessoas (trabalho, comportamento e cultura), TI (redes) e estrutura organizacional (equipes e coordenação).

Essa metodologia apresenta vários métodos (Figura 3.2), embora a maioria deles compartilhe elementos comuns – apesar de que uma simples diferença pode ter um impacto significativo no sucesso ou fracasso de um projeto. Os principais passos para essa metodologia, decorrentes de diversos universos (BPR OnLine Learning Center, 1998 – www.prosci.com), são:

- definição do projeto e identificação da equipe de trabalho;
- diagnóstico dos processos;
- busca de processos similares (clientes, fornecedores, *benchmark*);
- criação de visões, valores e objetivos;
- *brainstorm* para definição e redesenho dos novos processos do negócio e das tecnologias, modelando a arquitetura tecnológica e organizacional habilitadora dos processos;

Método 1	Método 2
– Descrição do projeto – Criação de visões, valores e objetivos – Modelo de redesenho dos processos do negócio e ferramentas – Validação do modelo – Plano de implementação da solução – Implementação do desenho – Transição e medidas de resultados	– Definição do projeto – Diagnóstico dos processos – Redesenho dos processos do negócio e tecnologias – Análise do custo/benefício – Plano e implementação dos novos processos e sistemas – Avaliação da *performance* dos processos
Método 3	**Método 4**
– Definição do projeto – Busca de processos similares (clientes, fornecedores, *benchmark*, etc.) – Criação das visões e desenho do novo modelo dos processos do negócio – Modelagem da arquitetura tecnológica e organizacional habilitadora dos processos – Preparação para as mudanças (disponibilidade de recursos) – Definição dos requisitos de processos, sistemas, capacitação e plano de implementação – Desenvolvimento de uma solução piloto – Implementação da solução e medição da *performance*	– Definição do projeto e identificação da equipe de trabalho – *Brainstorm* para definição dos novos processos e tecnologias – Análise e priorização das oportunidades (custo/benefícios) – Seleção da "melhor" oportunidade e desenho da solução – Desenvolvimento e teste dos novos processos, sistemas de informação e ferramentas habilitadoras – Plano de transição e implementação da solução – Medição dos resultados

Figura 3.2 Métodos BPR.
Fonte: www.prosci.com.

- validação do modelo (prototipação);
- análise de priorização das oportunidades (custo/benefício) e preparação para as mudanças (disponibilização dos recursos);
- seleção da "melhor" oportunidade, desenho da solução, plano de implementação e transição para os novos processos, SI e ferramentas habilitadoras;
- avaliação da *performance* dos processos e medições de resultados.

Comparativamente com as demais, essa metodologia realmente atenta para um número maior de elementos de gestão, tanto do negócio quanto da TI, como a gestão integrada de informações e o negócio alinhado com TI, entre outros. Os principais elementos-chave do planejamento estratégico são: coordenação, comprometimento, aprendizado e *performance*.

Os estudos de Rackoff, Wiseman e Ullrich (1985) e de Lederer e Sethi (1996) sobre a implementação do PESI mostram a importância da adoção de uma metodologia de implementação para atingir as estratégias e os objetivos delineados na etapa de formulação, ao longo do horizonte de planejamento. A metodologia deve prover maior desempenho organizacional, melhoria dos processos e agregar valor ao negócio.

A importância das metodologias de implementação de planejamento para os temas deste livro concentra-se no elenco de elementos para a operacionalização do alinhamento estratégico durante a etapa de implementação do processo. A maioria dos aspectos ligados à implementação dos planos está relacionada ao alinhamento estratégico entre os objetivos de negócio e de TI.

Lederer e Sethi (1988) apresentam uma interessante tabela (3.1a) sobre algumas características específicas de metodologias há pouco analisadas, classificando as metodologias BSP, SSP e IE (engenharia de informação, precursora das metodologias para implantação dos SIIs) como promotoras do alinhamento na

Tabela 3.1a Algumas características de diferentes metodologias

Metodologia	Impacto ou Alinhamento	Foco	Definição da Arquitetura de Dados	Suporte Automático
Business Systems Planning (BSP)	Alinhamento primário	Dados	Sim	Não
Strategic Systems Planning (SSP)	Alinhamento primário	Dados	Sim	Sim
Information Engineering (IE)	Alinhamento primário	Dados	Sim	Sim
Method/1	Alinhamento	Projetos	Não	Não
Critical Success Factors (FCS)	Alinhamento e impacto	Informações de decisão	Não	Não
Customer Resource Life Cycle	Impacto	Usuários	Não	Não
Value Chain Analysis	Impacto	Operações internas	Não	Não

etapa de formulação do processo de planejamento. A metodologia BPR (Tabela 3.1b) é mais recente que esse estudo. No entanto, como ela propicia o redesenho do negócio para uma visão integrada, pode-se dizer que ela interage diretamente com três variáveis do elemento de alinhamento *integração funcional* do modelo de Henderson e Venkatraman (1993), ou seja, processo, pessoas e infra-estrutura.

A metodologia BPR trata o processo de implementação dos planos no tempo (horizonte de planejamento), isto é, enquanto está implementando também está contínua e dinamicamente redefinindo e redirecionando vários processos e funções do negócio, reajustando estratégias e processos à medida que vai avançando no tempo. O modelo de alinhamento proposto nesta obra integra as fases da etapa de implementação e as etapas do processo de planejamento, inserindo a dimensão de temporalidade para o ajuste contínuo de estratégias, objetivos, processos, pessoas e infra-estrutura, tanto do negócio quanto da TI, seja ela usada como suporte ou como redirecionadora do negócio.

Tabela 3.1b Comparação relativa ao BPR

Metodologia	Impacto ou Alinhamento	Foco	Definição da Arquitetura de Dados	Suporte Automático
Business Process Redesign (BPR)	Alinhamento e Impacto	Processos, Pessoas Infra-estrutura	Sim	Sim

4

Processo Decisório

O plano resultante do processo de planejamento é o principal suporte para a gestão nas organizações. Parece útil, conseqüentemente, para melhor instruir o processo de planejamento, verificar como se processa a tomada de decisão nas organizações.

A análise do processo decisório tem evoluído ao longo do tempo, passando de uma visão idealizada (e restrita) de racionalidade para uma abordagem incremental, com fortes componentes políticos e subjetivos (Audy e Becker, 2000). Este capítulo examina essa evolução, buscando identificar as contribuições e as implicações das diferentes visões do processo decisório para o entendimento dos processos de PESI nas organizações.

O Quadro 4.1 apresenta as principais abordagens do processo decisório, identificando os principais autores e características envolvidas.

Quadro 4.1 Abordagens do processo decisório

Abordagem	Principais autores	Característica principal
Racional	Von Newmann e Morgenstern, 1947 Churchman et al., 1957	Decisão ótima Técnicas de pesquisa operacional
Racionalidade limitada	Simon, 1965	Decisão satisfatória Visão comportamental
Política	Cyert e March, 1963 Lindblom, 1959	Negociação política Incrementalismo disjuntivo
Incrementalismo	Quinn, 1980	Político-lógico-comportamental Aspectos racionais Papel do dirigente
Componente subjetivo	Elster, 1989	Subjetividade

A DECISÃO RACIONAL

A visão dita racionalista do processo decisório está ancorada no trabalho seminal de Von Newmann e Morgenstern (1947), com sua Teoria Axiomática da Utilidade Esperada, sob a ótica dos agentes econômicos; e no desenvolvimento da pesquisa operacional durante a Segunda Guerra Mundial, com sua abordagem sistêmica e de otimização na linha administrativa (Churchman et al., 1957). Em síntese, considera-se que os decisores têm condições de identificar todas as alternativas possíveis, bem como suas conseqüências. Decorre daí sempre existir pelo menos uma alternativa que pode ser considerada correta (ótima) pelo decisor – basta que ele a encontre. Essa visão "racional" é típica da escola americana, rotulada de *Decision Analysis* (Raiffa, 1968; Howard, 1968; Keeney e Raiffa, 1976) e caracterizando-se pela análise individualizada do processo decisório, ignorando o ambiente organizacional.

Na visão crítica de Allais (1953), "racional", para essa escola, é se adequar aos axiomas da teoria. Em geral, o racionalismo conduz à paralisia e à dificuldade de inovação: as análises racionais são muito complexas para serem úteis, muito pesadas e volumosas para serem flexíveis e muito precisas sobre o desconhecido. O sucesso e a excelência empresarial parecem passar longe do excesso de racionalismo (Peters e Waterman, 1997).

Mais modernamente, e menos arrogantemente, a análise sistêmica tem sido útil na construção dos chamados sistemas de apoio à decisão (SAD) e outros tipos de sistemas de informação, visto que estabelece princípios sobre os quais são desenvolvidas as metodologias de desenvolvimento desses tipos de sistemas. Como exemplos dessas metodologias, pode-se citar a Análise Estruturada Moderna (Yourdon, 1990), a Modelagem de Dados (Silbertchatz, 1999) e a Análise Orientada a Objetos (Martin e Odell, 1995).

A DECISÃO BASEADA EM UMA RACIONALIDADE LIMITADA

No desenvolvimento do pensamento administrativo, na década de 50, Simon (1965) apresentou uma visão comportamental da decisão, incorporando a ele um enfoque multidisciplinar. O ponto de partida de Simon foi afirmar que, para elaborar uma teoria realista de administração, convém observar as práticas de gestão do homem, em termos de decisão. Ele mostrou-se interessado no comportamento psicológico do tomador de decisões individual, a quem considerou dotado de uma racionalidade limitada e de condutas orientadas pelo seu ambiente psicológico. Nesse sentido, o homem é racional, mas sua racionalidade é limitada, pois lhe faltam conhecimentos: ele não se lembra de suas escolhas anteriores, e é difícil antecipar acontecimentos. Diante de um problema, o tomador de decisões não se define pela decisão ótima, uma vez que ele não dispõe da informação e nem das capacidades intelectuais que lhe permitam visualizar todas as soluções possíveis e, então, julgar suas vantagens e inconvenientes. Assim, ele se contentará em reter a primeira solução julgada satisfatória.

Apesar de denominarem-se uma teoria comportamental da decisão, os trabalhos de Simon podem ser ainda enquadrados na abordagem racionalista do processo decisório, tendo o autor observado que a visão racional pura do processo decisório já não era mais adequada. Entretanto, pode-se considerar que hoje a capacidade de lidar com o grande volume de informações existentes é cada vez mais limitada. Na realidade, o modelo de Simon não trata dos aspectos subjetivos do processo decisório ligados ao decisor, limitando-se a considerar apenas suas limitações cognitivas.

O excesso de racionalismo presente nos modelos de decisão ditos racionais parece conduzir, na atual realidade da sociedade e das organizações, à paralisia, à complexidade e à dificuldade de inovação. Neste sentido, a abordagem racional do processo decisório possui um alto grau de complexidade e pouca flexibilidade diante de um ambiente em constante mudança, requerendo dos executivos novas abordagens na condução do processo decisório organizacional.

A DECISÃO BASEADA NO MODELO POLÍTICO

Estudos de Cyert e March (1963) analisaram o processo decisório organizacional e concluíram ser este um processo de negociação política, entendendo a organização como uma coalizão de poder. Diversos autores, como Lindblom (1959), Allison (1971), Wrapp (1967), March e Olsen (1976), mostraram as impossibilidades do ideal racional, convergindo para uma visão política do processo.

O exemplo mais significativo do modelo de decisão na visão política é o incrementalismo disjuntivo (Lindblom, 1959). O modelo sugere que o incrementalismo tem características que o afastam radicalmente do modelo racional: a escolha de uma decisão se faz sem especificar ou esclarecer previamente os objetivos perseguidos ou os valores evocados, pois, de maneira geral, os atores e as partes tomadoras de decisão entram em desacordo sobre estes últimos.

Os tomadores de decisão fazem escolhas entre ações que diferem apenas marginalmente umas das outras, considerando um processo incremental contínuo que se opõe às mudanças drásticas do modelo racional. Tem-se uma política de pequenos passos, um tateamento sistemático, pelo qual os tomadores de decisão procuram antes um resultado satisfatório do que ótimo, preferem o possível ao melhor e reservam-se a possibilidades de retorno e reorientação; procuram melhorar situações existentes, mais do que atingir situações ideais; corrigem sem cessar suas ações e procuram evitar os problemas maiores e as mudanças radicais.

O modelo político originou-se principalmente da ciência política. Sua contribuição essencial é a de chamar a atenção sobre as interações entre as estratégias particulares e o seio do grupo ou das organizações e, em decorrência, sobre os jogos de poder que escondem os discursos racionais.

O INCREMENTALISMO LÓGICO

O incrementalismo lógico apresenta-se como uma descrição realista dos processos de decisão estratégica, articulando os modelos racionais de análise estratégica e de sistemas formais de planificação com os modelos do tipo político. É uma maneira eficaz de determinar boas estratégias, com a condição de ser aplicado por um dirigente hábil, e que pode ser caracterizado por quatro pontos:

- a formulação da estratégia efetua-se por meio de vários subsistemas que reúnem os jogadores em torno de um problema de importância estratégica, mas que não representa toda a estratégia (essa noção de subsistema pode ser aproximada da lixeira metafórica que reúne participantes, problemas e soluções, quando ocorre uma oportunidade de escolha);
- cada subsistema apoia-se sobre esquemas lógicos, aproximações analíticas e modelos normativos potentes, mas cada um tem sua própria lógica e conhece um processo de desenvolvimento particular, de modo que os subsistemas simultaneamente ativos estão raramente alinhados;
- cada subsistema encontra os bem-conhecidos limites da racionalidade; a estratégia global da empresa, confrontada com as interações dos subsistemas, desenha-se, portanto, de maneira por vezes lógica (no subsistema) e incremental (a interação entre os subsistemas);
- pelas mãos do dirigente hábil, a aproximação pelo incremento não consiste em simplesmente tentar fazer o melhor, mas em uma técnica de gerenciamento orientada, eficaz e proativa para melhorar e integrar os aspectos analíticos e comportamentais que a formulação da estratégia implica (Quinn, 1980).

Sob essa perspectiva, o dirigente dispõe de um certo poder que lhe permite controlar o processo de decisão e, portanto, influir significativamente sobre a estratégia global da empresa. Mas tal poder é muito mais informal do que formal e mais indireto do que direto. Sua utilização é, portanto, delicada, e a qualidade do resultado depende da habilidade do dirigente. Contrariamente ao incrementalismo disjuntivo, admite-se a existência dos objetivos nas organizações, mas sem a coerência perfeita dos sistemas planificados. O incrementalismo lógico combina uma aproximação analítica e uma aproximação político-comportamental em uma concepção complexa do processo de decisão; reintroduz o dirigente como integrador e administrador da ambigüidade, reconhecendo seu poder.

A DECISÃO E O COMPONENTE SUBJETIVO

Mais recentemente, Elster (1989) introduziu a visão subjetiva como um componente significativo no processo decisório, ressaltando o papel dos desejos e crenças do decisor. Ele destaca mais fortemente esses aspectos subjetivos como determinantes da solução definida, porém ainda atuando em uma base racional.

Em virtude disso, para que uma ação seja considerada racional, ela deve ser a melhor maneira de satisfazer os desejos do agente, tomando em consideração as suas crenças. Entretanto, a ótima quantidade de evidências é parcialmente determinada por desejos prévios sobre o custo, a qualidade e a relevância de vários tipos de evidências. A contribuição dessa linha de estudo está em destacar os aspectos subjetivos inerentes ao processo de tomada de decisão, que, de uma certa forma, determinam a solução final escolhida no processo decisório.

IMPLICAÇÕES NO PROCESSO DE PESI

Deve-se analisar o processo decisório sob diversas lentes segundo as visões apresentadas anteriormente. Essa multiplicidade de visões permite um entendimento mais abrangente do multifacetado processo decisório, no qual os aspectos subjetivos e políticos possuem importante papel no resultado final. Destaca-se que a concepção clássica da decisão obriga a considerar o universo como estático e a observar o mundo por um número finito de cenários. Como o universo real não é estático, mas contínuo e dinâmico, no processo decisório deve-se levar em conta esse fato.

Concluindo, a consideração das diversas perspectivas para entender o processo decisório organizacional leva à busca de um maior equilíbrio entre aspectos racionais e irracionais, lógicos e ilógicos, objetivos e subjetivos. Esse equilíbrio não significa uma síntese entre posições opostas, mas sim uma convivência com as contradições e os paradoxos da realidade organizacional.

As diferentes visões do processo decisório podem e devem contribuir para o entendimento do processo de gestão e, conseqüentemente, do apoio a ser fornecido pelo plano gerado com base em um processo de planejamento estratégico de SI. Nessa linha, a visão do incrementalismo lógico (Quinn, 1980) oferece uma adequada aproximação com a realidade organizacional, particularmente na área de SI, constituindo-se em uma adequada base teórica para o modelo de PESI proposto neste livro, que busca incorporar uma abordagem incremental do processo de implementação do plano de SI gerado como decorrência do processo de planejamento.

5

Aprendizagem Organizacional

Aprendizagem Organizacional (AO) é o processo de mudança da base de valores e dos conhecimentos da organização, levando a um incremento da habilidade na resolução de problemas e na capacidade de ação frente às demandas do meio ambiente (Probst e Buchel, 1997). A AO é identificada como um importante elemento na resolução de problemas na organização, principalmente aqueles relacionados às fortes pressões competitivas do mercado e às mudanças de base tecnológica.

O uso de técnicas criativas (Altier, 1999; Couger, 1996; Kao, 1997) e o pensamento dinâmico não-linear (Baets, 1998) desempenham um importante papel na criação de um ambiente de aprendizagem, e é por isso que, nos último anos, a AO tem capturado a atenção de gerentes e pesquisadores (Argyris, 1993; Senge, 1990). Esse foco em aprendizagem destaca a relevância das abordagens cognitivas, nas quais as crenças e *insights* dos indivíduos são vistos como influências críticas na eficácia organizacional. Mais recentemente, alguns pesquisadores estão desenvolvendo estudos para entender como a AO pode ser utilizada em planejamento de SI (Ang et al., 1997; Baets, 1998; Reponen, 1998).

Após a apresentação das principais abordagens teóricas na área de AO, passamos a identificar e desenvolver uma análise de suas contribuições potenciais para o entendimento dos processos de PESI nas organizações. O Quadro 5.1 apresenta as principais abordagens analisadas da AO, identificando autores e contribuições.

QUINTA DISCIPLINA

Um dos aspectos mais interessantes do modelo de PESI proposto é a busca para respostas relativas à implementação das cinco disciplinas da aprendizagem organizacional (Senge, 1990) como forma viabilizadora do processo de mudança de base tecnológica. Destaca-se a relevância dessas disciplinas para a efetiva implantação de planos na área de SI. As implicações de cada disciplina de aprendizagem para a área de Planejamento de SI são as seguintes:

- *Visão compartilhada* – um dos objetivos de um plano na área de SI é obter uma visão compartilhada por todos os envolvidos sobre como usar a

Quadro 5.1 Abordagens da Aprendizagem Organizacional

Abordagem	Principais autores	Contribuição potencial
Quinta disciplina	Senge, 1990	Cinco disciplinas da AO: visão compartilhada, aprendizagem em grupo, pensamento sistêmico, domínio pessoal e modelos mentais.
Ciclos de aprendizagem	Argyris e Schon, 1980 Argyris, 1993	Ciclos de aprendizagem Teoria em uso
Aprendizado institucional	De Geus, 1997 e 1998	Planejamento como processo de aprendizagem
Papel da experiência	Kolb, 1997	Importância da prática e da experiência
Metáfora do cérebro	Morgan, 1996	Processamento de informações Modelo holográfico
Agentes de mudança	Swieringa e Wierdsma, 1995	Papel dos agentes de mudança
Barreiras ao processo	Probst e Buchel, 1997 Argyris, 1993 De Geus, 1995	Barreiras ao processo de aprendizagem
Motivadores do processo	Probst e Buchel, 1997 De Geus, 1998 Hedberg, 1991	Fatores motivadores para mudar e aprender nas organizações
Níveis de aprendizagem	Argyris, 1993 Probst e Buchel, 1997	Três níveis de aprendizagem organizacional
Comunicação	Probst e Buchel, 1997	Características da comunicação em um ambiente de aprendizagem

tecnologia. O desafio é a obtenção dessa visão comum como pré-requisito para o comprometimento necessário para a implementação do plano, o que pode ser conseguido por esforços de aprendizagem cooperativos em pequenos grupos que aprendem juntos e compartilham visões comuns.
- *Aprendizagem em grupo* – a criação de uma estratégia, não só na área de SI, é normalmente uma questão de trabalho em equipe envolvendo representantes de diversas áreas da organização. O objetivo desta estratégia é gerar aprendizagem no grupo. A abordagem de Argyris (1993) de pesquisa-ação atua neste sentido, centrada no cliente e contextualizada na realidade organizacional. O método pode ser utilizado também na área de SI.
- *Pensamento sistêmico* – envolve uma das bases da própria área de SI, o enfoque sistêmico para resolução de problemas, partindo de uma visão do todo e buscando as causas fundamentais do problema. A busca de soluções de infra-estrutura tecnológica de largo alcance e impacto organizacional para diversas áreas requer esse tipo de visão, que atua também como elemento integrador entre usuários e equipe técnica envolvida.

- *Domínio pessoal* – envolve um pré-requisito básico para o desenvolvimento de organizações inteligentes no sentido de estabelecer as condições iniciais de aprendizagem e capacidade para participação e envolvimento no processo de mudança, particularmente na área de tecnologia da informação; envolve desde o nível de capacidades acumuladas historicamente, treinamento e capacitação tecnológica até a reeducação para novas formas de trabalho.
- *Modelos mentais* – envolve a habilidade dos níveis gerenciais de abordarem e trabalharem a questão dos modelos mentais dos envolvidos no processo de mudança. Evidencia-se, neste caso, a resistência ao novo, particularmente na área de novas tecnologias da informação. Esses modelos mentais podem se transformar em poderosos alavancadores do processo de mudança em relação ao uso e resultados advindos da TI.

Senge visualiza o processo de aprendizagem como um fluxo contínuo (Figura 5.1), em que o desenvolvimento das novas habilidades e aptidões por parte do grupo afeta a percepção individual das pessoas sobre a realidade. Assim, novas sensibilidades e conhecimentos modificam os modelos mentais vigentes, propiciando as condições adequadas para o processo de mudança. Tal processo, que permite que as pessoas visualizem a realidade com novas crenças e atitudes, propicia o desenvolvimento das habilidades e aptidões, fechando o ciclo de aprendizagem. De um modo geral, assim como no processo de planejamento, a aprendizagem organizacional ocorre quando a aprendizagem individual tem impacto sobre o grupo como um todo e o transforma.

O modelo proposto por Senge nos remete à visão do processo de aprendizagem com base na área de psicologia, em que o ciclo proposto por Kelly (1955), chamado de Alternativismo Construtivo, envolve as etapas *modelo mental – prática – contradição – modelo mental*. Note-se que Senge identifica o impacto na etapa de conhecimento como sendo a alteração do modelo mental existente, enquanto que as atitudes envolvem a dimensão prática da aplicação do novo modelo mental.

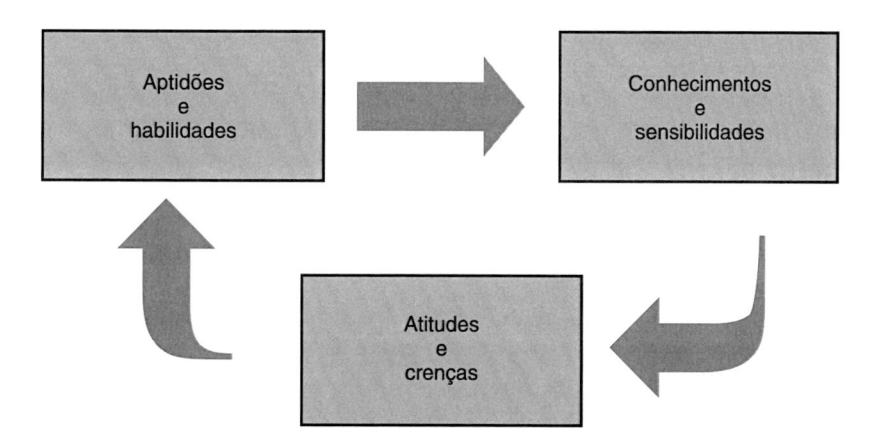

Figura 5.1 Modelo de aprendizagem de Senge.
Fonte: Senge et al., 1994.

Sob certo aspecto, o modelo de Kelly (1955) destaca uma visão nitidamente psicológica do processo de aprendizagem por caracterizá-la como o processo de mudança de modelos mentais. Em outras palavras, a aprendizagem somente ocorre quando se altera o modelo mental do indivíduo. Claxton (1984) aprofunda essa questão do ponto de vista psicológico ao afirmar que aprender é um processo de teste e incremento da teoria pessoal que nos guia através da vida. Assim, os estudos na área da psicologia abordam com mais profundidade a questão psicológica da mudança gerada pelo processo de aprendizagem, enquanto que os estudos na área de AO preocupam-se primeiramente com as condições necessárias para se estabelecer um ambiente de aprendizagem profícuo na organização. Segundo Senge, a resposta a essa questão está centrada no pensamento sistêmico, em que os modelos mentais, o domínio pessoal, a aprendizagem coletiva e a visão compartilhada são os outros tópicos relevantes para se desenvolver o ambiente de aprendizagem.

Voltando ao contexto da teoria de AO, Senge aborda a questão sob um ponto de vista organizacional, tendo ao centro o pensamento sistêmico, que encontra suas origens nos trabalhos pioneiros de Bertalanfy (1976), desenvolvidos na década de 40. A seguir, apresentamos outras contribuições relevantes da área de AO.

CICLOS DE APRENDIZAGEM

As mudanças no comportamento dos indivíduos são consideradas um critério primário de eficácia pelas pesquisas e práticas do desenvolvimento organizacional. Segundo Argyris (1993), uma forma de alterar o comportamento é por meio de sua modificação, diretamente. Diversos autores pregam esse tipo de visão com base em processos abruptos de transformação e mudança organizacional. Outra forma é procurar entender os significados que as pessoas criam quando interagem umas com as outras. Sociólogos, psicólogos cognitivistas e muitos etnógrafos e existencialistas têm trabalhado com essa abordagem (Argyris e Schon, 1980). Esses estudos tratam a questão sob o ângulo da construção da realidade individual e social. Diante disto, Argyris e Schon identificam que existem importantes diferenças entre o significado das construções intelectuais e as ações dos indivíduos (teorias em uso).

Argyris (1993) apresenta o processo de aprendizagem utilizando-se do diagrama de ciclo simples e ciclo duplo (Figura 5.2). Quando um resultado é corrigido sem questionar ou alterar os princípios do sistema, a aprendizagem é de ciclo simples. O ciclo duplo, por sua vez, ocorre quando os resultados são corrigidos partindo de um exame dos princípios que nortearam aquele sistema e, só depois, encaminhando a ação. O diagrama mostra ainda que a aprendizagem não ocorre até que um resultado seja produzido. Nessa perspectiva, a aprendizagem não ocorreu se alguém na organização descobriu um novo problema ou encontrou uma solução para o mesmo. A aprendizagem só acontece quando a solução encontrada é executada (transformada em ação), ocorrendo a apropriação prática do conhecimento. Essa afirmação pode sofrer crítica quando a abordagem é sobre algo mais abstrato. Entretanto, isso é particularmente relevante quando se fala de PESI, pois descobrir os

```
   ┌──────────────┐     ┌──────────┐     ┌──────────────┐
──▶│  Princípios  │──▶ │   Ação   │──▶ │  Resultados  │──┐
│  └──────────────┘  ▲  └──────────┘     └──────────────┘  │
│                    │                                      │
│                    └──────────── Ciclo simples ───────────┤
│                                                           │
└─────────────────────── Ciclo duplo ───────────────────────┘
```

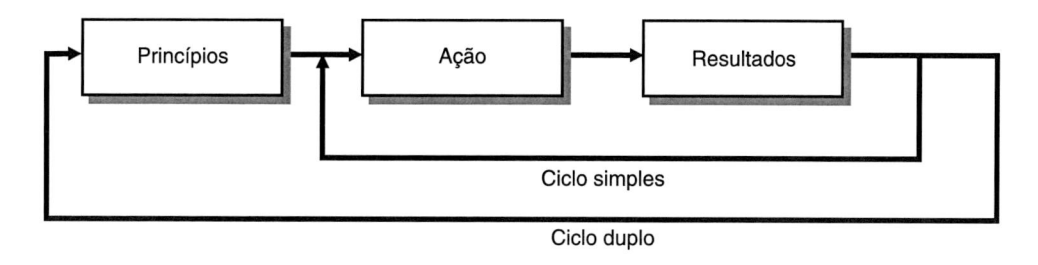

Figura 5.2 Aprendizagem de ciclos simples e duplo.
Fonte: Argyris, 1993.

problemas e propor as soluções são condições necessárias, porém não suficientes para a aprendizagem organizacional, ou seja, o processo de mudança.

Como decorrência, pode-se concluir que o processo de planejamento estratégico é uma oportunidade para estimular a cultura de aprendizagem organizacional nos indivíduos e na organização como um todo. Por outro lado, quanto maior for essa cultura de aprendizagem, mais profícuo será o plano desenvolvido, sendo que a dimensão de ação torna-se inerente ao processo de elaboração do plano em si, trazendo todas as questões relativas à implementação do plano proposto.

Deve ficar claro que a execução do ciclo de aprendizagem (simples ou duplo) ocorre pela ação dos indivíduos ou grupos dentro da organização ou entre organizações. Dessa forma, fica evidenciada a participação e a relevância dos indivíduos no processo, devendo o modelo proposto incorporar aspectos que destaquem e reforcem as preocupações relativas ao processo de mudança, tanto nas fases de análise (avaliação e estratégia) como de implementação do plano gerado. Isso tem particular relevância para o processo de planejamento, visto que o ciclo duplo implementa as condições ideais para o desenvolvimento do processo de planejamento estratégico, em que o questionamento dos princípios leva a um projeto mais profundo em termos de significado e impacto organizacional. E isso envolve raciocínio sistêmico e questionamento de modelos mentais.

A atuação sobre os princípios organizacionais é capaz de estabelecer as condições necessárias para a obtenção de um nível de comprometimento maior, em virtude do nível de consistência e coerência das mudanças propostas. Da mesma forma, propicia uma visão mais adequada de como conduzir o processo de implementação do plano.

Baseando-se no modelo proposto por Argyris (1993), Probst e Buchel (1997) ampliam o modelo para três níveis, sendo que o primeiro (nível adaptativo) corresponde ao ciclo simples; o segundo (reconstrutivo), ao ciclo duplo; e o terceiro seria o nível de processo. Este último está relacionado ao ganho de *insights* no processo de aprendizagem, significando aprender a aprender; seria o nível mais alto e mais difícil de ser atingido. O terceiro nível envolve a reflexão, a análise e a criação de um referencial de significado, relacionando-se ao entendimento do significado da organização; envolve também a identificação e a capacidade de avaliar o processo de aprendizagem na organização (Probst e Buchel, 1997).

PLANEJAMENTO COMO UM PROCESSO DE APRENDIZAGEM

A capacidade de adaptação e a flexibilidade perante os desafios do meio ambiente, segundo De Geus (1995), dependem da capacidade dos altos gerentes de uma empresa de absorver o que está acontecendo no meio ambiente dos negócios e de agir em relação àquelas informações, aplicando medidas comerciais apropriadas. Ou seja, dependem de aprendizado institucional, que é o processo pelo qual as equipes de gerência mudam os modelos mentais (Senge, 1990) compartilhados de sua empresa, seus mercados e seus concorrentes. Por essa razão, pode-se pensar no planejamento em termos de aprendizado, e no planejamento corporativo em termos de aprendizado institucional.

De Geus (1995) considera que o melhor aprendizado é aquele que ocorre em equipes que aceitam que o todo é maior do que a soma das partes, que existe um bem que transcende o indivíduo. Essa consideração nos remete à disciplina de raciocínio sistêmico proposta por Senge (1990). Destacam-se daí o papel dos níveis gerenciais e a necessidade de ajustar os modelos mentais existentes para o início do processo de aprendizagem organizacional. De Geus considera que a única vantagem competitiva que a empresa do futuro poderá ter será a capacidade de aprender mais rapidamente do que os concorrentes, e isso significa o desenvolvimento de modelos mentais mais flexíveis, centrados na idéia de aprendizagem contínua. Assim, as empresas de sucesso serão aquelas que continuamente pressionarem seus gerentes para que sempre revejam suas visões de mundo. O autor conclui afirmando que o desafio diante do planejador é considerável, da mesma forma que as recompensas. Nesse sentido, o autor não diferencia o planejamento do aprendizado, visualizando o processo de planejamento como um grande processo de aprendizagem organizacional. O autor, em publicação mais recente (De Geus, 1997), expande essa visão apresentando o processo de tomada de decisões como um processo de aprendizagem. O processo decisório pode ser visualizado em quatro etapas: perceber, incorporar, concluir e agir (Figura 5.3), justamente os quatro elementos apresentados por psicólogos como definidores da aprendizagem (Baets, 1998). Assim, todo ato de tomada de decisão é um processo de aprendizagem.

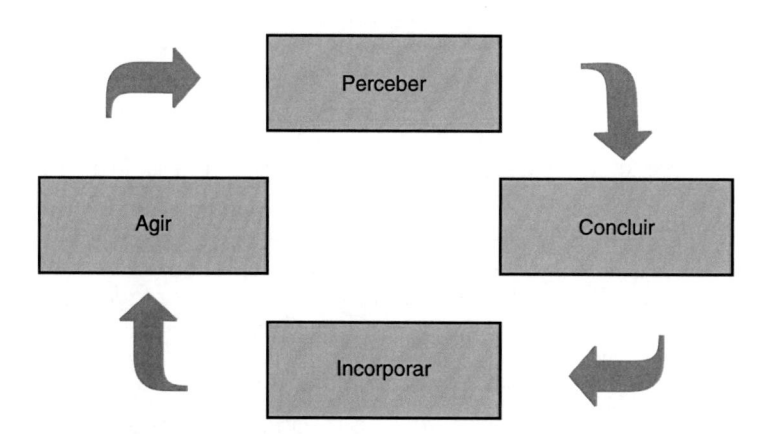

Figura 5.3 Processo de tomada de decisão.
Fonte: De Geus, 1997.

Aprofundando essa análise, Piaget (apud De Geus, 1997) propõe a existência de dois tipos de aprendizagem: por assimilação e por acomodação. Aprender por assimilação significa adquirir informações, sendo que o aprendiz já possui estruturas incorporadas para reconhecer e dar significado aos sinais. Já na aprendizagem por acomodação, a pessoa que aprende passa por um processo de mudança estrutural interna em suas crenças, idéias e atitudes.

Pode-se entender o processo de aprendizagem por acomodação como o mais apropriado a ser perseguido em um processo de planejamento, pois age sobre o modelo mental das pessoas e visa, como conseqüência, à mudança no comportamento. Esse tipo de abordagem é adequada para a obtenção de um genuíno objetivo comum na organização, de modo a se obter um nível de comprometimento que possa garantir o sucesso do processo de mudança como um todo. Todas as formas de aprendizagem resultam em êxito precisamente porque estão incorporadas ao processo de tomada de decisão. As decisões tomadas em um processo de planejamento que alcançam um novo grau de conhecimento e se transformam efetivamente em um novo rumo de ação são todas, em si mesmas, exemplos de aprendizagem por acomodação.

O PAPEL DA EXPERIÊNCIA

Kolb (1997) enfatiza o importante papel da experiência no processo de aprendizagem, caracterizando esse aspecto como uma significativa diferenciação de outras teorias cognitivas do processo de aprendizagem. A Figura 5.4 apresenta o modelo de aprendizagem vivencial proposto por Kolb, cujo foco principal é a descrição do ciclo de aprendizagem. O modelo mostra como a experiência se traduz em conceitos, os quais são usados no momento da seleção de novas experiências.

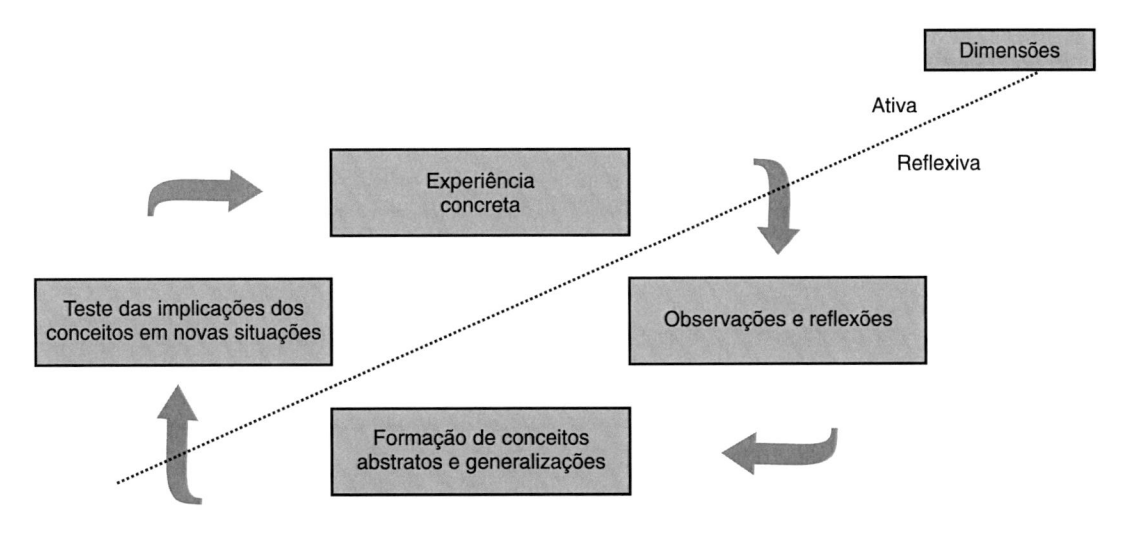

Figura 5.4 Modelo de aprendizagem vivencial.
Fonte: Kolb, 1997.

Desse modo, a experiência vivenciada é a base para a observação e a reflexão que, por sua vez, são transformadas em teorias utilizadas para novas deduções, valendo-se do teste das implicações dos conceitos e teorias desenvolvidas em novas situações do mundo real. Essas dimensões, ativa e reflexiva, são importantes para o crescimento da capacidade cognitiva e da aprendizagem.

Pode-se identificar nesta proposta de Kolb uma semelhança com o modelo de aprendizagem proposto por Senge (1994), que também apresenta um fluxo contínuo para representar o processo de aprendizagem e identifica as fases de aptidões e habilidades, conhecimentos e sensibilidades, atitudes e crenças. No ciclo proposto por Senge, o desenvolvimento de novas habilidades pelo grupo altera a compreensão dos indivíduos sobre a realidade, representada pela mudança nos modelos mentais vigentes. Assim, os novos conhecimentos passam a fazer parte dos seus modelos mentais, agindo sobre a forma como os indivíduos percebem a realidade, com novas crenças e atitudes. Já no modelo de Kolb, a modificação dos modelos mentais ocorre valendo-se dos resultados dos testes das hipóteses formuladas, gerando a aprendizagem pela vivência de experiências concretas. Essa visão remete novamente ao modelo de Kelly (1955), centrado na mudança de modelos mentais como identificador da aprendizagem, com relevante destaque para dimensão prática (teste no mundo real) e contraditório gerado (ou reforço), o que leva a uma alteração no modelo mental (em maior ou menor profundidade).

O aspecto mais importante sob o ponto de vista do processo de planejamento está relacionado com a importância que os dois modelos atribuem ao grupo. Senge considera que a aprendizagem ocorre em um nível organizacional quando se dá a transposição da aprendizagem individual para a grupal. Kolb (1997), por sua vez, destaca que a aprendizagem somente se efetiva quando as observações e reflexões individuais são compartilhadas pelo grupo. Assim, ele afirma que cada pessoa tem oportunidade de testar suas reações e observações sobre uma dada experiência e, quanto mais aberta a participação de cada um dos membros, maior será a oferta de dados com os quais o grupo inteiro pode aprender. Logo, pode-se afirmar que o processo que possibilita a mudança dos modelos mentais e a aprendizagem de grupo são dois dos aspectos mais importantes na condução da atividade de planejamento.

Portanto, a forte ênfase vivencial proposta por Kolb é útil para se entender o processo de resolução de problemas no dia-a-dia da empresa e de adaptação e mudança organizacional. Outra implicação importante está relacionada com as recomendações que Kolb apresenta em seu artigo, os quais indicam que a aprendizagem deveria ser um objetivo explícito das organizações e que o processo de aprendizagem é de tal natureza que perspectivas opostas, ação e reflexão, envolvimento concreto e distanciamento analítico são todos essenciais para o "aprendizado ideal". Em um contexto de planejamento organizacional, é comum deparar-se com diferentes perspectivas e opiniões quanto aos rumos a seguir. Ao contrário do que parece à primeira vista, essas diferenças de opinião não são prejudiciais. Na realidade, elas podem e devem ser estimuladas com uma adequada administração dos conflitos, pois, segundo a perspectiva de Kolb, os mais eficazes sistemas de aprendizagem são aqueles que conseguem tolerar diferenças de perspectivas que refletem modelos mentais diferentes.

Outro aspecto importante do modelo de Kolb é decorrente de dois pressupostos de sua teoria, que apontam no sentido de que (1) o que se aprende se evidencia no que se faz, e que (2), em seu modelo cíclico, a aprendizagem é orientada para a resolução de problemas. Essas abordagens vão desenvolver pessoas mais abertas e preparadas para enfrentar os processos de mudança, visto que o planejamento de mudanças e a aprendizagem organizacional (e, mais especificamente, a resolução de problemas) ocorrem de forma complementar.

METÁFORA DO CÉREBRO

Morgan (1996) realiza um estudo das organizações, partindo do pressuposto de que as teorias e explicações da vida organizacional são baseadas em metáforas que levam a ver e compreender as organizações de forma específica, embora incompleta. Considerando o caráter complexo e paradoxal da vida organizacional, o autor se propõe a mostrar que é possível administrar e planejar as organizações por meio de diferentes metáforas. Dessa forma, cada metáfora funciona como uma lente diferente para observar a mesma realidade. O conjunto das diferentes lentes permitiria uma melhor e mais profunda visualização da organização. Algumas metáforas referem-se a formas tradicionais de analisar as organizações, enquanto outras desenvolvem perspectivas novas. Assim, são apresentadas oito metáforas da organização (máquina, organismo, cérebro, cultura, política, prisão psíquica, fluxo e dominação).

A metáfora da organização vista como um cérebro destaca a importância do processamento de informações, da aprendizagem e da inteligência. Morgan apresenta dois enfoques: (1) o da organização como cérebros processadores de informação (enfoque da tomada de decisão) e (2) do cérebro e da organização vistos como sistemas holográficos. Esses enfoques, principalmente o segundo, ressaltam princípios importantes de auto-organização para a concepção de organizações nas quais um alto grau de flexibilidade e inovação é necessário.

Essa imagem da organização como um cérebro associa a idéia de que as organizações adotem ações consideradas racionais, no sentido de que não sejam executadas cegamente pelos componentes da empresa, mas a partir da reflexão e da conscientização de que elas são adequadas para o contexto e o momento da organização. O autor aprofunda essa análise concluindo que o desenvolvimento da inteligência organizacional pode ser verificado quando a estrutura aproxima-se de um sistema holográfico, no qual o todo está representado em cada uma das partes. Assim, há uma referência à disciplina de objetivos compartilhados na organização proposta por Senge (1990). Essa visão de unidade e compartilhamento de informações (inteligência) é uma característica recursivamente buscada em processos de planejamento. Ela somente é obtida quando o nível de participação e comprometimento do grupo é alto, estabelecendo o salto da aprendizagem individual para a aprendizagem coletiva.

É interessante destacar que Simon (1965) já percebera que o homem tem condutas orientadas e mesmo determinadas pelo seu ambiente psicológico. Nesse sentido, ele identificou os componentes do processo psicológico que precedem a decisão (aprendizado, memória, costume, estímulos e atributos do ambiente psicológico). Utilizando um enfoque nitidamente psicológico e cognitivo, esse autor já abordava as questões de aprendizagem dentro de um contexto organizacional centrado no indivíduo. Há uma significativa diferença quanto às abordagens: a de base psicológica centraliza-se no indivíduo, enquanto a AO preocupa-se com a aprendizagem coletiva. A teoria de AO enfatiza que a aprendizagem individual é necessária, porém não suficiente para garantir a aprendizagem organizacional;

busca, então, estudar e propor os mecanismos que garantam a aprendizagem coletiva ou organizacional. Desta forma, pode-se concluir que o foco da análise da aprendizagem do ponto de vista da psicologia está na aprendizagem individual, enquanto que na AO está na aprendizagem coletiva.

AGENTES, BARREIRAS E MOTIVADORES DO PROCESSO DE APRENDIZAGEM

Aprofundando a análise do papel dos indivíduos no processo e visualizando o processo de planejamento como aprendizado (De Geus, 1995), pode-se identificar a aprendizagem como um processo estimulado por agentes. Esses agentes podem ser indivíduos, elites, grupos ou sistemas sociais que atuam na incorporação da aprendizagem organizacional (Probst e Buchel, 1997).

Swieringa e Wierdsma (1995) estudam a questão da mudança organizacional tomando por base a análise do comportamento das pessoas. Os autores consideram que a definição de estratégias e as estruturas para implementá-las não funcionam sem a participação e o comprometimento dos envolvidos: as pessoas que criam (e mudam) as organizações e são condicionadas por elas. E isso somente pode ser obtido por meio da aprendizagem, começando por aqueles que desempenham o papel-chave dentro das organizações: os gerentes.

Com relação às barreiras do processo de aprendizagem, as organizações tendem a resistir às mudanças, uma vez que o sucesso de uma estratégia em particular confirma a validade dos procedimentos existentes. Dessa maneira, focando o planejamento como um processo de aprendizagem, os trabalhos devem ser conduzidos de forma a minimizar as principais barreiras existentes a essa aprendizagem (mudança) e a facilitar o processo de mudança (aprendizagem). Coerentemente com as análises anteriores, as barreiras e os facilitadores do processo estão focados nos indivíduos e seus comportamentos perante as mudanças.

Se uma organização deseja realmente mudar, ela deve identificar seus sistemas de conhecimento internos (representados pelos modelos mentais) como um inimigo deste processo (Hedberg, 1991). Tal processo é chamado de "desaprender" e pode ser descrito como uma série de pequenas mortes, em que velhas estruturas e formas de pensar devem ser removidas para permitir que outras novas tomem seus lugares. Isso é indispensável para que novos conhecimentos sejam aceitos e velhas estruturas possam ser mudadas ou removidas.

Seguindo essa linha, Probst e Buchel (1997) identificam as principais barreiras para a aprendizagem: padrões de defesa da organização; normas, privilégios e tabus; e informações confusas e não-confiáveis. Argyris (1993) aponta outros aspectos: incompetência, rotinas defensivas e mascaramento de ações. Já De Geus (1995) destaca como aspectos que estabelecem barreiras ao processo de aprendizagem os modelos mentais impeditivos e a falta de visão sistêmica.

Portanto, a facilitação do processo de mudança decorrente do plano gerado com base no processo de PESI está diretamente relacionada tanto às condições de aprendizagem existentes na organização como às criadas durante e em decorrência do processo de planejamento. Além disso, deve ser desenvolvido um inventário de potencialidades de aprendizagem a fim de obter informações decisivas sobre os fatores críticos envolvidos. Assim, deve-se buscar obter informações sobre as necessidades de aprendizagem, a base de conhecimento existente, as formas de aprendizagem utilizadas, os possíveis agentes do processo de aprendizagem (mudança), fatores internos e externos que podem fazer disparar a aprendizagem e forças que podem criar barreiras. Se essas informações forem mal identificadas, o processo de aprendizagem pode impedir a implementação das mudanças em decorrência de falha da organização em criar condições adequadas para a mudança e seu acompanhamento (avaliação). Sob esse aspecto, o processo de aprendizagem nunca falha – pode-se mesmo aprender o que não se desejava, como, por exemplo, reforçar as velhas estruturas organizacionais em vez de mudá-las.

Com relação aos motivadores da aprendizagem, diversos autores identificam os principais deles no ambiente interno da organização. Probst e Buchel (1997) destacam os aspectos relacionados com a existência de um ambiente interno turbulento, problemas e crises ou falta de recursos. Hedberg (1991) identifica as distâncias entre expectativas e resultados obtidos. Cyert e March (1963) destacam a existência de excessos de recursos, capacidades ou oportunidades. De Geus (1998) constata que novas abordagens sobre competitividade e planejamento estratégico baseadas em aprendizagem podem levar as organizações a aprender. Também são destacados aspectos relacionados à liderança, a novos conhecimentos adquiridos pelos funcionários e a novos funcionários com novas idéias.

É interessante notar que, somente de forma marginal, a literatura foca sua atenção em aspectos situados no meio externo como fatores motivadores, sendo apontados distúrbios externos, pressões competitivas e conflitos (Probst e Buchel, 1997).

IMPLICAÇÕES PARA O PROCESSO DE PESI

Uma vasta gama de modelos e métodos tem sido desenvolvida para a área de SI com o objetivo de aproximar a TI da área de negócios. Diferentes métodos buscam formular estratégias de atuação na área, mas esses não atuam mais do que como suporte às atividades-meio das organizações. A formulação estratégica vigente é um processo mental que direciona um conjunto de objetivos para as áreas operacionais. Assim, as teorias de AO permitem visualizar as complexidades e principais fatores envolvidos desde o modelo mental, passando pela definição de objetivos compartilhados, abordagem sistêmica, aprendizagem em grupo e domínio pessoal. Este livro aprofunda as implicações das principais teorias de AO na área de planejamento de SI e incorpora essas contribuições ao modelo proposto. Galliers e Baets (1998) afirmam que as estratégias devem ser criadas e formuladas mesmo sob forte pressão de mudanças, o que envolve muitas manobras políticas que fazem parte do processo decisório organizacional.

Como já observado, deve ser destacada a importância do processo de aprendizagem organizacional como fundamental para a viabilização de processos de mudança nas organizações. Esse processo visa a atuar diretamente sobre as principais fontes de problemas (Capítulo 3 deste livro) relativas ao processo de implementação de PESI nas organizações e que estejam relacionadas às resistências do pessoal (usuários), à dificuldade de aceitar e participar do processo de mudança gerado e ao desafio de construir uma visão compartilhada sobre o papel da TI nos negócios.

Alinhamento Estratégico

Diversas pesquisas apontam para a necessidade de um planejamento estratégico integrado entre as áreas de negócio e de tecnologia de informação (TI). Essa integração, chamada de alinhamento estratégico entre as funções de TI e os objetivos organizacionais, tem sido apontada como um dos principais fatores de retorno do investimento e de agregação de valor ao negócio (King, 1981; Mintzberg, 1990; Henderson e Venkatraman, 1993; Boar, 1997).

Alguns dos conceitos mais significativos sobre alinhamento estratégico entre planejamento estratégico de negócios e planejamento estratégico de tecnologia de informação (PEN e PETI)[1] encontrados na literatura são:

- O alinhamento ou coordenação entre PEN e PETI é alcançado quando o conjunto de estratégias de sistemas de informação (SI), composto de sistemas, objetivos, obrigações e estratégias, é derivado do conjunto estratégico organizacional, composto de missão, objetivos e estratégias (King, 1978; Lederer e Mendelow, 1989).
- O elo entre PEN e PETI corresponde ao grau no qual a missão, os objetivos e os planos de TI refletem e são suportados pela missão, pelos objetivos e pelos planos de negócio (Reich, 1992).
- O alinhamento estratégico entre PEN e PETI corresponde à adequação estratégica e à integração funcional entre os ambientes externo (mercados) e interno (estrutura administrativa e recursos financeiros, tecnológicos e humanos) para desenvolver as competências e maximizar a *performance* organizacional (Synnott, 1987; Henderson e Venkatraman, 1993).
- O alinhamento entre PEN e PETI é a adequação entre a orientação estratégica do negócio e a orientação estratégica de TI (Chan et al., 1997).

Os modelos de alinhamento estratégico entre PEN e PETI apresentados pela literatura estudam, basicamente, o seu impacto na *performance*, traduzida por eficiência e eficácia organizacional (Luftman et al., 1993; Venkatraman, 1994;

---

[1] Vale destacar novamente que os estudiosos do alinhamento estratégico utilizam a nomenclatura PETI em vez de PESI. Portanto, neste capítulo, procurando manter o foco da área de alinhamento, utilizaremos a sigla PETI.

Sabherwal e Chan, 2001), e na obtenção de vantagens competitivas (McFarlan, 1984; Porter e Millar, 1985). No entanto, o grande desafio está centrado em dois aspectos: (a) repensar os processos de planejamento isolados das áreas de negócio e de TI, transformando-os em um processo único com a promoção de alinhamento total (Teo, 1994) e (b) como promover esse alinhamento durante a etapa de implementação do processo de planejamento estratégico de forma contínua e permanente, ao longo de todo horizonte de planejamento.

O modelo proposto no Capítulo 8 deste estudo trata de uma revisão dos grandes modelos de alinhamento PEN e PETI encontrados na literatura e revistos a seguir. Pretende-se estender os elementos dos mesmos para a etapa de implementação do processo de planejamento, focando o alinhamento como um processo contínuo e cíclico.

MODELOS CLÁSSICOS DE PEN-PETI

O modelo de Rockart e Scott Morton

Os estudos de Rockart e Scott Morton (1984) são fundamentais para a evolução dos princípios e conceitos sobre alinhamento estratégico. Os autores partem dos estudos clássicos da década de 50 de Chandler (1962) e Leavitt,[2] apresentando um modelo (Figura 6.1) de análise interdependente dos cinco elementos de

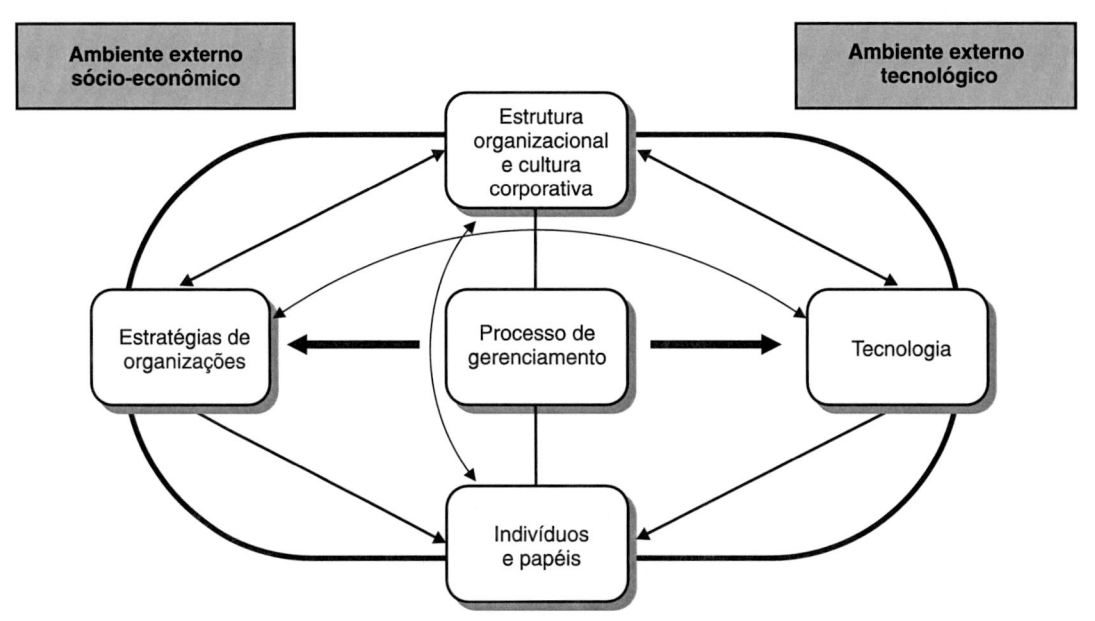

Figura 6.1 Modelo conceitual de mudança e impacto organizacionais.
Fonte: Rockart e Scott Morton, 1984.

---

[2]O autor é citado freqüentemente na bibliografia pesquisada. Os elementos do funcionamento corporativo, originados nas idéias de Leavitt, aparecem claramente definidos no trabalho de Rockart e Scott Morton (1984) e na obra de Meirelles (1994).

mudança e impacto organizacional: estratégias da organização, estrutura organizacional e cultura corporativa, indivíduos e papéis, processo de gerenciamento e tecnologia. O modelo fundamenta-se basicamente no direcionamento estratégico do negócio, tendo a tecnologia como um dos componentes impulsionadores dos demais.

A maioria das descrições apresentadas pela literatura falam pouco sobre um caminho de adequação tecnológica que permita o alinhamento dos negócios da empresa através da TI. No entanto, a importância do direcionamento está implícita no modelo, pois, quando o foco é a transformação organizacional viabilizada pelas tecnologias, deve ser investido tempo e esforço para fazer com que as pessoas dentro da organização percebam para onde ela vai e por quê. Os benefícios potenciais da TI somente serão percebidos se estiverem alinhados com o negócio e a missão da organização.

Rockart e Scott Morton (1984) complementam que todos os elementos do funcionamento corporativo representados no modelo devem permanecer em equilíbrio. Essa visão é partilhada por Meirelles (1994) em seu modelo de impacto da tecnologia e mudança organizacional que, em extensão ao modelo apresentado na Figura 6.1, assume o bidirecionamento entre todos os elementos corporativos, demonstrando com maior precisão o equilíbrio entre os cinco elementos básicos. Esse equilíbrio pode ser traduzido pelo alinhamento estratégico encontrado no modelo de Henderson e Venkatraman (1994) quando se refere ao elemento de adequação estratégica entre as áreas de negócio e de TI, entre os níveis interno e externo, e entre processos, infra-estrutura e pessoal.

Vale destacar a importância dada por Rockart e Scott Morton ao elemento *processo de gerenciamento* como impulsionador dos demais elementos do modelo – estratégias, cultura, indivíduos e tecnologia. Observa-se que a forma de gestão pode impactar sobre o equilíbrio entre as estratégias e a cultura organizacional e entre as estratégias e os indivíduos. Por exemplo, uma gestão tradicional e não propícia a riscos provavelmente não gera forte impacto na formulação de estratégias ousadas que propiciem mudanças culturais significativas na organização e que possam redirecionar mercados dinamicamente. Em conseqüência, os indivíduos trabalham de forma reativa, e não proativa, pois seus papéis estão bem definidos e não há fortes estímulos para mudanças.

No entanto, uma gestão moderna e alinhada com as constantes mudanças dos mercados e da cadeia de valor de seu negócio propicia mudanças mais drásticas. Vejamos o caso do uso da Internet e do *e-mail* pelas grandes corporações. Essa tecnologia impulsionou diversas mudanças organizacionais: o acesso às pessoas tornou-se horizontalizado, provocando uma alteração na estrutura e cultura organizacional; as estratégias de comercialização e negociação puderam ser alteradas, gerando novas oportunidades de negócios (globalização de marcas a custos baixos); os indivíduos tiveram seus papéis alterados devido à integração e horizontalização de funções e à sua capacitação com a proximidade dessas novas tecnologias; e, por último, o processo de gestão, em sua totalidade, tornou-se mais corporativo e profissional – de gestão de controle de processos físicos para gestão das informações, permitindo uma melhor operação do negócio interna e externamente.

Complementando a visão desses autores, outros estudos de alinhamento na área de gestão de inovação tecnológica (Itami e Numagami, 1992) mostram a dinâmica da interação entre estratégia e tecnologia sob três perspectivas: (a) estratégia corrente capitalizada na tecnologia corrente, esta agindo sobre o negócio como defesa (barreiras), limite (nichos) e ameaça (concorrência); (b) estratégia corrente cultivando a tecnologia futura, trabalhando com conceito de acumulação de tecnologia; e (c) tecnologia corrente dirigindo o conhecimento da estratégia futura, ou seja, a tecnologia afetando o processo de conhecimento e aprendizagem organizacional e gerando um fluxo contínuo de formulação de estratégias e constante reorientação do negócio.

O modelo de Henderson e Venkatraman

O modelo de alinhamento entre as estratégias de negócio e as estratégias de TI de Henderson e Venkatraman (1993) é apresentado na Figura 6.2. Os autores tiveram a preocupação de formalizar os componentes estratégicos, tanto do negócio quanto da TI, e assegurar a similaridade dos processos, mostrando que podem evoluir em paralelo ou sustentar um ao outro em determinados momentos. Os caminhos de integração estão representados em mão dupla, mostrando relevância na multidimensionalidade do modelo, bem como no fluxo contínuo dos processos. Essa multidimensão pode ser relacionada aos modelos de integração entre negócio e TI de King (1978) e aos fundamentos conceituais de planejamento e formulação estratégica de Mintzberg (1990), Ansoff e McDonnell (1993) e Rebouças (1997), nos quais, além da compatibilidade entre alguns dos conceitos sobre estratégia, os processos contínuos de revisão são considerados como elementos de aprendizagem organizacional.

O modelo nos mostra duas áreas distintas de formulação estratégica: de negócios e de TI. Isso nos remete à evolução dos estudos sobre planejamento estratégico, que sempre foram considerados de forma isolada. No entanto, com o advento dos conceitos de integração sistêmica ou gestão integrada das organizações, a importância de uma integração total no momento de formulação das estratégias do processo de planejamento fica evidente.

Estratégia de negócio
- escopo do negócio
- competências distintas
- determinação (direção) do negócio

Estratégia de TI
- escopo da tecnologia
- competências sistêmicas
- determinação (direção) da TI

Infra-estrutura e processos organizacionais
- infra-estrutura
- processos
- cabeças (pessoas)

Infra-estrutura e processos de TI
- infra-estrutura
- processos
- cabeças (pessoas)

Adequação estratégica

Integração funcional

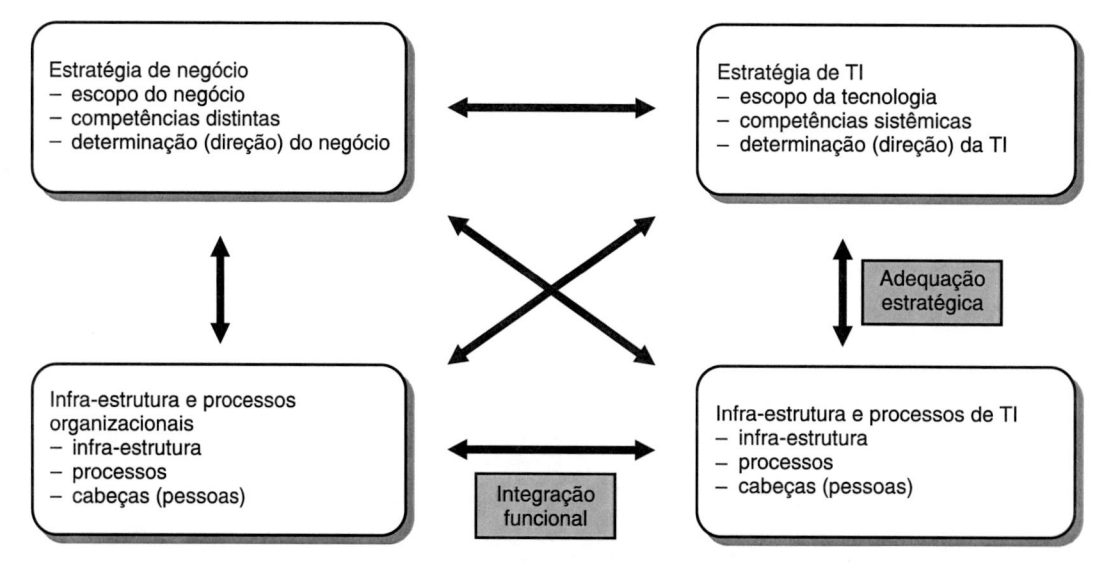

Figura 6.2 Modelo de alinhamento de estratégias de negócio e estratégias de TI.
Fonte: Henderson e Venkatraman, 1993.

Além das duas áreas de planejamento, o modelo considera dois níveis de formulação estratégica: o nível mais alto, envolvendo elementos do ambiente externo da organização, tais como escopo, competência e redirecionamento do negócio, em que devem ser revistas ou projetadas as tendências do negócio frente a seus mercados e toda sua cadeia de valor; e o nível mais operacional da formulação estratégica, que abrange o ambiente e o suporte interno às estratégias estabelecidas no nível anterior, no qual os processos, as pessoas e a infra-estrutura devem ser redirecionadas para atender às novas prospecções de negócio.

O alinhamento estratégico é visto como um processo de adequação estratégica entre os elementos dos planos de ambas as áreas e entre os níveis organizacionais externo e interno. Tanto as forças internas e externas quanto os elementos do funcionamento organizacional apresentam o equilíbrio e o direcionamento contidos nos modelos de mudança organizacional e tecnólogica. Um diferencial desse modelo, em relação aos demais, é o acréscimo de duas variáveis de alinhamento – adequação estratégica e integração funcional.

O conceito de alinhamento estratégico de Henderson e Venkatraman (1993) é baseado em duas suposições: (a) que a *performance* econômica está diretamente relacionada à habilidade do gerenciamento para criar uma adequação estratégica (posição da organização na arena do mercado competitivo suportada por uma estrutura administrativa adequada); e (b) que a adequação estratégica é essencialmente dinâmica. Assim, o alinhamento estratégico não é um evento isolado, mas um processo contínuo de adaptação e mudança, o que nos leva novamente aos processos de revisão contínua (avaliação) como centro de importância para a promoção do alinhamento.

No elemento *adequação estratégica*, encontra-se o sentido ou direcionamento da realização do alinhamento, o qual deverá ser promovido em movimento constante entre as forças externas e internas. Nesse caso, são incorporadas novas variáveis geradas pelas pessoas pela aquisição de experiência no tempo e pelo conhecimento decorrente do uso de novas tecnologias (Itami e Numagami, 1992), o que promove um processo contínuo de revisão das estratégias estabelecidas.

No elemento *integração funcional*, aparece o relacionamento horizontal entre as diferentes funções do negócio, permitindo o fluxo da operação de uma maneira integrada, seja pela infra-estrutura organizacional ou pela infra-estrutura de TI (Luftman et al., 1993). Os processos administrativos devem ser recriados para permitir o controle da empresa de ponta a ponta, com resistência a falhas, flexibilidade e rapidez de resposta, possibilitando agilidade nas mudanças e reorientações dos negócios. A integração é realizada por três grandes relacionamentos: da estrutura administrativa (regras, responsabilidades e autoridade) com a arquitetura de TI (aplicações, dados, plataforma de *hardware* e *software*); dos processos operacionais (fluxo de operação das funções-chave do negócio) com os processos tecnológicos (modelagem das funções e operações-chave do negócio encapsulada em uma aplicação de TI – SII); e entre as pessoas (experiência, competência, compromissos, valores e normas) e seu uso da TI.

No modelo de Henderson e Venkatraman (1993), pode-se identificar claramente quatro perspectivas dominantes de ocorrência do alinhamento estratégico, cada uma delas com características e critérios de *performance* diferenciados. Duas concentram-se na visão do alinhamento estratégico como parte da execução da estratégia do negócio. As outras duas são parte da estratégia da TI como habilitadora do processo de mudança.

Analisando o alinhamento sob a perspectiva da execução estratégica tradicional (formulação da estratégia do negócio ⇨ reformulação da estrutura organizacional ⇨ busca de infra-estrutura de TI), a grande direcionadora de mudança é a estratégia do negócio, e o critério de *performance* será centrado em custo/serviço. A TI será apenas um suporte para a estratégia do negócio. Se a visão do alinhamento for de transformação do negócio pela TI, tem-se a perspectiva de estratégia de negócio formulada lado a lado com estratégia de TI e, então, a busca de infra-estrutura para o atendimento das estratégias formuladas. Nessa perspectiva, tem-se como critério de *performance* o alcance e a manutenção da liderança tecnológica nos mercados (ambiente externo).

Analisando o alinhamento a partir da habilitação tecnológica (TI disponível ⇨ formulação da estratégia do negócio ⇨ busca de infra-estrutura organizacional), a grande direcionadora de mudança é a estratégia da TI, e o critério de *performance* será a liderança do negócio. Nesses casos, alguns negócios podem ser totalmente reorientados, alterando o contexto de seu ambiente externo – mercados consumidores e fornecedores. E, por último, se a visão do alinhamento se der pelos agentes da TI, as estratégias de TI dirigirão a alteração da infra-estrutura de SI que, por sua vez, dirigirá a reestruturação organizacional. Nessa linha, tem-se como critério de *performance* a medida e o controle da satisfação do consumidor.

Em estudos posteriores sobre direcionamento do negócio, Venkatraman (1994 e 1997) apresenta um modelo para promover a redefinição do escopo do negócio através da TI, desmembrando o processo em cinco níveis seqüenciais prioritários, respectivamente: exploração localizada (foco na funcionalidade da TI e na operação das áreas de negócio), integração interna (foco na interconectividade técnica e interdependência organizacional), redesenho dos processos do negócio (redesenho dos processos-chave que derivam da capacidade organizacional para competição futura), redesenho do negócio em rede (articulação da lógica estratégica relacionada com a rede de participantes do negócio) e redefinição do escopo do negócio (redesenho do escopo do negócio que será habilitado e facilitado pela funcionalidade da TI). O autor exibe um valioso quadro comparativo entre os níveis, focando as diferentes características de cada um, as maiores forças, as maiores fraquezas e os desafios gerenciais.

O modelo de Reich

O modelo de alinhamento encontrado por Reich (1992), apresentado na Figura 6.3, representa o grau de consistência e atendimento entre os objetivos de negócio e os objetivos de TI. O modelo apresenta três níveis de alinhamento dos objetivos organizacionais: alinhamento dos objetivos corporativos de TI com os objetivos corporativos de negócio, alinhamento dos objetivos corporativos de TI com os objetivos de negócios das unidades de negócios (UNs) e alinhamento dos objetivos de TI com os objetivos de negócios das UNs.

O importante deste modelo é o foco no processo (como) do alinhamento, e não no produto do mesmo (resultados). Para a autora, existem dois grandes processos e estágios na formulação das estratégias de negócio e de TI: o processo intelectual e o processo social. O primeiro elemento é influenciado pela metodologia de formulação dos componentes estratégicos (missão, objetivos e planos) e a compreensão das atividades de planejamento, visando à identificação dos principais fatores de influência no alinhamento (causa). Neste elemento, foi buscada

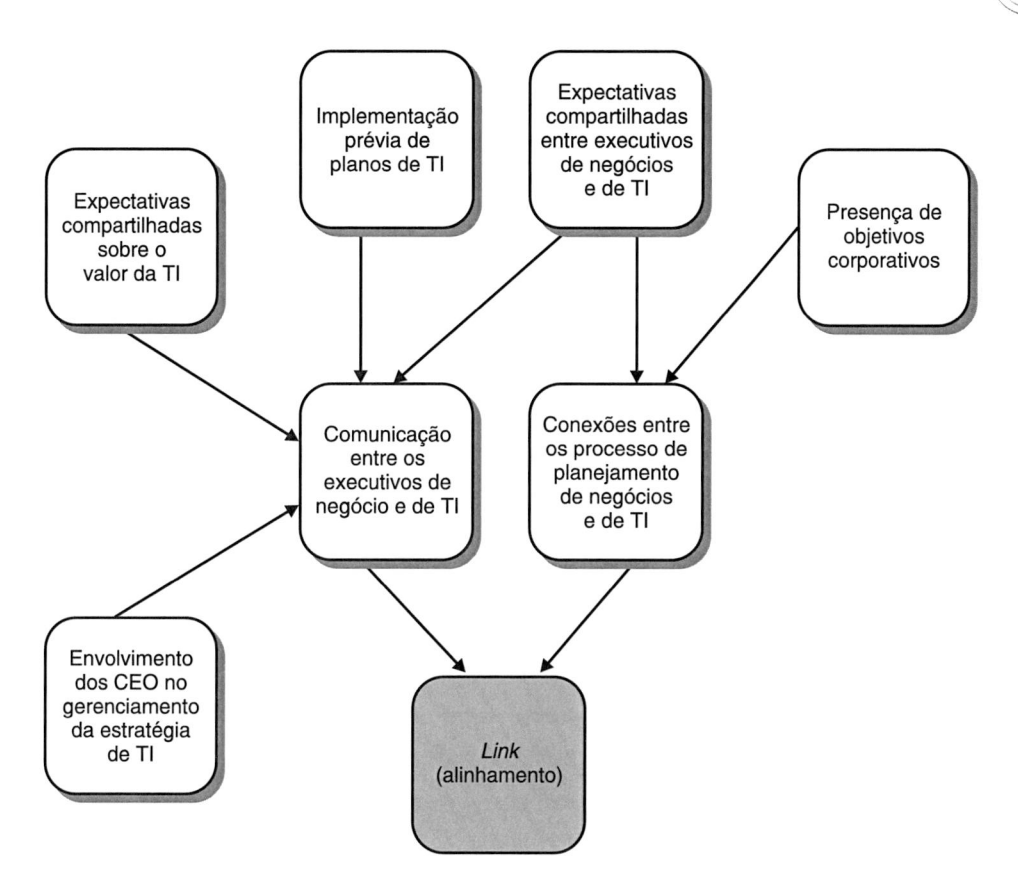

Figura 6.3 Modelo de alinhamento em nível corporativo entre os objetivos de negócio e de TI.
Fonte: Reich, 1992.

a consistência interna entre a missão, os objetivos e o plano de negócio e de TI, e o balanceamento dos mesmos em relação ao ambiente externo da organização.

O segundo elemento diz respeito ao conhecimento dos participantes no processo de planejamento (da empresa, do negócio, do ambiente externo, etc.). Ele foi medido com base na representatividade dos entrevistados (executivos envolvidos com o processo), no entendimento e compreensão do conteúdo dos planos pelos executivos de cada empresa e UN e no comprometimento dos executivos com os itens planejados, visando a identificar os efeitos do alinhamento nas organizações. Neste elemento, foi buscado o nível de compreensão mútua e de engajamento dos membros da organização com a missão, os objetivos e os respectivos planos de negócios e de TI.

O modelo de Reich (1992) encontra-se fortemente embasado nos estudos de Raghunathan e Raghunathan (1988), em que os autores teorizam que o PETI é composto de três níveis: o estratégico, o de planejamento de sistemas e o de implementação. Com base em um estudo exploratório em que foram utilizadas essas definições, eles desenvolveram 11 dimensões para os planos de SI. Duas das dimensões de nível estratégico encontram-se diretamente associadas à definição de alinhamento, ou seja, o nível de satisfação estratégica durante o processo de planejamento e o nível de integração das funções de TI com o negócio.

Em estudos posteriores, Reich e Benbasat (1996) apresentaram uma definição preliminar de integração (alinhamento) entre as dimensões estratégicas como o "grau no qual a missão, os objetivos e os planos de TI suportam e são suportados pela missão, pelos objetivos e pelos planos de negócios". Ao modelo apresentado por Reich (1992) é incorporada a múltipla direção (ida e volta) para o alinhamento, e os estágios ou processos de alinhamento (intelectual e social) são tratados como elementos, complementando os modelos anteriores.

O modelo de estágios de promoção do alinhamento de Teo

O modelo de Teo (1994)[3] mostra a integração entre o planejamento de negócios e o planejamento de sistemas de informações em uma perspectiva evolucionário-contingencial. O autor examinou a evolução da integração entre PEN e PETI em quatro estágios, a saber: integração administrativa, integração seqüencial, integração recíproca e integração total. Além disso, foram examinadas variáveis contingenciais que influenciam na integração entre PEN e PETI.

A perspectiva evolucionária apontada pelo autor está baseada nas pesquisas de King (1978), que conceitualizam a direção do alinhamento em uma/duas mãos; de Synnott (1987), que aponta os níveis de integração ocorridos nas organizações; e de Jang (1989), em que são propostos três níveis de ocorrência de cada planejamento (pré, isolado e integrado).

A perspectiva contingencial foi dividida em duas: perspectiva na pesquisa organizacional e perspectiva na pesquisa de SI. A primeira encontra-se fundamentada, principalmente, nos estudos de Lawrence e Lorsch (1969), que explicam que a melhor adequação contingencial entre as variáveis de alinhamento proporcionará melhor *performance* organizacional. As variáveis delineadas para uso na pesquisa foram maturidade, papéis das funções de SI, participação e estilo de comunicação do gerenciamento de topo, proximidade física e fácil acesso entre os executivos de negócios e de TI, status dos executivos de TI, volatilidade e complexidade do ambiente de negócio.

A segunda perspectiva encontra-se baseada em diversos autores conhecidos, tais como King (1978), Ein-Dor e Segev (1978), Bakos e Treacy (1986), Brancheau e Wetherbe (1987) e Lederer e Mendelow (1989), para os quais as variáveis contingenciais utilizadas apresentam-se vinculadas ao uso da TI, quais sejam: facilitadoras e inibidoras para o uso estratégico de TI, de impacto das aplicações de TI, de fatores de sucesso das aplicações de TI, de uso estratégico dos recursos de TI, de papel da TI, de evolução dos investimentos em TI e de uso da TI como vantagem competitiva.

Os resultados mais significativos apontados por esta pesquisa foram:

- Os estágios de evolução de integração entre PEN e PETI são quatro: integração administrativa, integração seqüencial, integração recíproca e integração total.
- As organizações atravessam os vários estágios, mas não obrigatoriamente todos eles.

---

[3]Tema de sua tese de doutorado realizada na Universidade de Pittsburg, EUA, 1994.

- A permanência em cada estágio varia de organização para organização.
- As variáveis relacionadas com as características organizacionais são mais favoráveis para a verificação dos estágios de integração entre PEN e PETI do que as variáveis de características ambientais.
- Os estágios de integração estão relacionados aos estágios de contribuição dos SI para a *performance* organizacional, isto é, quanto mais os sistemas abastecem de informações os negócios, maior é a integração e a contribuição para a *performance* organizacional.

ELEMENTOS DE ALINHAMENTO ESTRATÉGICO

Os modelos de alinhamento estratégico apresentados apontam vários elementos com os quais pode-se obter uma promoção mais intensa de alinhamento durante o processo de planejamento estratégico, os quais são base para o modelo de alinhamento estratégico apresentado neste livro (Capítulo 8). Desses diversos estudos, foi possível agrupar quatro grandes elementos com determinado conjunto de variáveis promotoras de alinhamento.

O primeiro elemento de alinhamento, chamado de contexto organizacional, contém variáveis ligadas ao ambiente e à cultura organizacionais, seja de mercado, de produto ou de relacionamento interno.

O segundo elemento de alinhamento, chamado de modelo de planejamento estratégico, incorporou variáveis sobre a estrutura de definição dos itens nos planos e etapas utilizados para o processo de planejamento.

O terceiro elemento de alinhamento compreende variáveis promotoras de alinhamento na etapa de formulação do processo de planejamento. Ele encontra-se subdividido em dois outros elementos: (a) adequação das estratégias de negócio e de TI, medida pelos elementos de elo entre os componentes dos planos de negócio e de TI; e (b) integração funcional entre pessoas, infra-estrutura e processos, medida pela consistência entre os objetivos de negócio e as informações disponibilizadas pelo sistema integrado de gestão (SII) que permitam o cotejo com os objetivos de negócio.

O quarto elemento de alinhamento compreende variáveis promotoras de alinhamento na etapa de implementação do processo de planejamento, subdividido em quatro elementos:

a) metodologia de implementação do plano estratégico, medida pela lista de tópicos ou atividades a serem implementadas, sincronização dos recursos, freqüência e agenda de reuniões de revisão e ajuste, participantes e documentação das revisões;
b) comprometimento, medido pelo atendimento das metas estabelecidas, pelos participantes do planejamento e da implementação, pela comunicação entre os participantes, pelo patrocinador dos projetos de TI e pela dificuldade de implementação dos itens planejados;
c) recursos despendidos, medidos por instrumentação, sincronização e grau de atendimento dos itens planejados;
d) processos, medidos pela melhoria dos processos e pela identificação de novos projetos estratégicos.

Elemento de alinhamento – contexto organizacional

As variáveis que representam o elemento do contexto organizacional (Quadro 6.1) permitem verificar o ambiente interno e externo da empresa no que concerne a porte, mercado, cultura, estrutura funcional do negócio e da TI, investimentos em negócio e TI e princípios gerais de gestão, incluindo planejamento. Essas variáveis foram identificadas em pesquisas anteriores como elementos significativos para a maior ou menor promoção do alinhamento pelas organizações. Assim, organizações que apresentem tais características de contexto estão mais propícias à promoção de alinhamento. A importância deste elemento para o modelo proposto encontra-se na generalização do mesmo, sendo encontradas para empresas com contextos diferentes determinadas convergências dos elementos promotores do alinhamento.

Quadro 6.1 Variáveis do elemento de alinhamento – contexto organizacional

Elementos de Alinhamento	Variáveis	Autor
Definição do negócio	– Setor/indústria – Tamanho (total empregados e faturamento) – Estratégia do negócio – Custos operacionais do negócio – Investimentos realizados	Brown e Magill, 1994; Henderson e Venkatraman, 1993
Estrutura	– Tipologia organizacional e de TI – Convergência entre tipologias – Tamanho da área de TI – Satisfação dos gerentes com a informação disponibilizada – Foco da TI	Brown e Magill, 1994
Cultura-autonomia local	– Atitude perante mudanças (resistência) – Política de incentivos – Indicador de produtividade (*turnover*) – Número de empregados x consultores/terceiros – Proximidade física entre gerentes de TI e de negócio e usuários	Brown e Magill, 1994; Henderson e Venkatraman, 1993
Investimentos em TI	– Porcentagem de investimentos x total de faturamento – Conectividade (WAN e LAN) – Aplicações compartilhadas (SII+AE), Banco de dados central, idade dos equipamentos (média), ferramentas *case* – Ênfase do desenvolvimento (*in-house* x terceiros)	Brown e Magill, 1994
Ambiente externo	– Estabilidade da organização (Idade) – Crescimento de mercado (*market growth*) – Agressividade (pioneirismo-produtos/ações) – Proatividade – Inovação (experimentação, Criatividade) – Competidores (*market share*)	Henderson e Venkatraman, 1993

Elemento de alinhamento – modelo de planejamento estratégico

Os elementos do modelo de planejamento estratégico (Quadro 6.2) devem permitir identificar os componentes genéricos que compõem a estrutura dos planos de negócio e de TI. Para o PEN, os seguintes elementos foram identificados como essenciais para constar em sua estrutura: a missão, os objetivos, as estratégicas de ação, os critérios de avaliação, as metas, os FCSs e os planos de ação. Para o PETI, foram identificados os seguintes elementos: infra-estrutura de suporte de *hardware*, *software* e comunicação, adequação e integração dos processos e pessoas pelo SII, e consistência informacional entre as necessidades dos usuários e as informações fornecidas pelo SII.

O processo de planejamento foi identificado por duas de suas etapas: a etapa de formulação de missão, estratégias, objetivos, metas, critérios, etc., e a etapa de implementação dos objetivos e projetos expressos nos planos de ação de negócio e de TI.

Quadro 6.2 Variáveis do elemento de alinhamento – modelo de planejamento estratégico

Elementos de alinhamento	Variáveis	Autor
Componentes do PEN	– Estratégias – Objetivos – FCS – Metodologia – Participação – Escopo (toda a organização ou por áreas de negócio), recursos (tempo, valores, pessoas), priorizações e horizonte de planejamento – Planos de ação	Mintzberg, 1990 e 1991; Reich, 1992; Boar, 1993; Lederer e Sethi, 1996; Torres, 1994
Componentes do PETI	– Infra-estrutura de suporte (*hardware*, *software*, comunicação) – Adequação e integração dos processos e das pessoas (SII) – Consistência das informações para atender aos objetivos do PEN	
Etapas do Processo de Planejamento	– Diagnóstico (levantamento das necessidades) – Formulação (definição dos itens planejados) – Implementação (execução dos itens planejados) – Avaliação e *feedback* (controle dos itens planejados)	Mintzberg, 1990 e 1991; King, 1988; Boar, 1993
Contexto do Planejamento	– Maturidade dos planejamentos executados – Horizonte de planejamento (definição de estratégia por ação – velocidade)	Henderson e Venkatraman, 1993

Elementos de alinhamento da etapa de formulação do planejamento estratégico

As variáveis de verificação da promoção do alinhamento, durante a etapa de formulação do processo de planejamento estratégico (Quadros 6.3a e 6.3b), permitem a verificação do elo entre os itens especificados nos planos de negócio e de TI, bem como a consistência entre os objetivos de negócio e de TI. Há a possibilidade de investigar se as informações fornecidas pelo SII permitem a gestão e o controle dos objetivos planejados para o horizonte de planejamento.

A importância dessas variáveis para o modelo proposto encontra-se na verificação dos estágios de promoção do alinhamento, bem como dos pontos fortes e fracos, promotores de alinhamento durante esta etapa do processo. Parte-se do princípio que, se as empresas não promovem alinhamento nesta etapa, também não o farão na etapa seguinte. O relacionamento de variáveis entre várias empresas estudadas permitiu a verificação dos aspectos práticos relevantes que estão sendo considerados para a promoção do alinhamento durante a formulação das estratégias e objetivos, com o necessário suporte de TI para atendê-las.

Quadro 6.3a Variáveis dos elementos de promoção do alinhamento para a etapa de formulação do processo de planejamento estratégico

Elementos de alinhamento	Variáveis	Autor
Itens de elo (*link*), representando o alinhamento por adequação estratégica	– Missão dos planos de negócios e de TI estão fortemente vinculadas – Estratégias e plano de TI estão bem documentados – O plano de negócio situa necessidades de TI e vice-versa – O plano de negócio e de TI definem priorizações de ações – Os itens do plano de TI estão vinculados aos itens do plano de negócios – Os gerentes de linha e de topo participam ativamente do planejamento de TI – CIO participa do desenvolvimento de novos produtos – O recurso tempo dos planejamentos de negócio e de TI encontra-se sincronizado – O gerenciamento de topo é educado para a importância da TI – A TI está adaptada para mudanças estratégicas – Compreensão dos objetivos organizacionais, tanto pelo gerenciamento de topo do negócio quanto pelos de TI – Elevada visão do relacionamento das funções de TI com a organização (SII) – Avaliação da importância estratégica de tecnologias emergentes	Reich e Benbasat, 1996; Chan et al., 1997; Segars e Grover, 1998; Lederer e Sethi, 1996

Quadro 6.3b Variáveis dos elementos de promoção do alinhamento para a etapa de formulação do processo de planejamento estratégico

Elementos de alinhamento	Variáveis	Autor
Consistência entre objetivos e as informações gerenciais, representando o alinhamento, adequação estratégica, e integração funcional em conjunto com os SII	– Redução de custos, atendido por controle de estoques, controle logístico (distribuição), RH, controle de custo e controle dos investimentos – Aumento de faturamento, atendido por pedidos dos clientes, controle e previsão de vendas, contas dos clientes, situação financeira da organização e controle dos investimentos – Eficiência, atendido por vendas e previsão de vendas, situação financeira da organização, controle de estoques, RH, controle de custo e alocação de recursos – Serviços, atendido por pedidos dos clientes, alocação de recursos e de melhoria dos serviços oferecidos através da TI – *Supply chain*, atendido por pedidos dos clientes, vendas e previsão de vendas e de estoques, compras e reposição – Vantagens competitivas, atendido por competitividade dos produtos e serviços, dados mercadológicos (previsões) e melhoria dos serviços oferecidos através da TI – Qualidade de produto, atendido por controle de qualidade – Produtividade, atendido por estoques, compra e reposição	Reich, 1992; Zviran, 1990

Elementos de alinhamento da etapa de implementação do planejamento estratégico

As variáveis de verificação da promoção do alinhamento, durante a etapa de implementação do processo de planejamento estratégico (Quadro 6.4), permitem verificar o método utilizado para a implementação das estratégias e objetivos definidos na etapa anterior, bem como a sincronização dos recursos, o comprometimento das pessoas da empresa e a melhoria dos processos.

A importância dessas variáveis para o modelo proposto encontra-se na identificação de uma metodologia que leva em conta os itens planejados, bem como o controle de sua execução e cumprimento das metas e resultados estabelecidos durante a etapa de formulação do processo de planejamento. As convergências ou divergências entre as variáveis observadas em várias empresas estudadas permitiu a verificação dos aspectos práticos relevantes que estão sendo considerados para a operacionalização da promoção do alinhamento durante a etapa de implementação do processo de planejamento.

Quadro 6.4 Variáveis dos elementos de promoção do alinhamento para a etapa de implementação do processo de planejamento estratégico

Elementos de alinhamento	Variáveis	Autor
Metodologia	– Leva em conta objetivos e estratégias organizacionais – Requer envolvimento dos gerentes e usuários – Identifica novos projetos – Determina base uniforme para priorização dos projetos – Inclui plano global de *hardware*, *software* e comunicação para a organização – Os resultados estão de acordo com as expectativas do gerenciamento de topo – Consultores externos	Gottschalck e Lederer, 1997; Cooper e Zmud, in: Ho et al., 1998; Lederer e Sethi, 1996
Gerenciamento (monitoramento e coordenação)	– Ferramentas de TI para execução do planejamento – Freqüência das revisões e ajustes – *Follow-up* (acompanhamento) das revisões (documentação e itens atendidos)	Lederer e Sethi, 1996;
Comprometimento	– Atendimento dos objetivos – Motivação (incentivos) – Dificuldades de garantir a implementação e o comprometimento dos gerentes de topo – Patrocinadores da área de negócios	Gottschalck e Lederer, 1997; Lederer e Sethi, 1996
Processos	– Identificação de oportunidades de melhorias nos processos do negócio através da TI – Monitoramento das necessidades internas do negócio e das capacidades de TI para atender a essas necessidades	Segars e Grover, 1998

SISTEMAS DE INFORMAÇÃO INTEGRADOS E SUA IMPLICAÇÃO NO ALINHAMENTO ESTRATÉGICO

Os Sistemas de Informação Integrados (SIIs) são uma ferramenta que possibilita às empresas disporem de uma estrutura de alta *performance* – baixos custos, diferenciação do produto e concentração de mercado – para poderem operar negócios integrados e oferecer um padrão de integração coesa (equilibrada e focada) em relação a seus principais objetivos, políticas e ações (Parsons, 1983). Integrar um sistema é o mesmo que remover os distanciamentos entre seus componentes – processos, pessoas e estrutura (Pels e Wortmann, 1996), isto é, dentro de uma determinada estrutura organizacional (hierárquica, matricial, em rede) são distribuídos processos que envolvem rotinas a serem executadas por pessoas (individual ou coletivamente).

Os SIIs são baseados na integração dos negócios pelos dados, pelos processos, por tarefas realizadas pelas pessoas e pelo redesenho organizacional (estrutura administrativa combinada com tecnológica), permitindo alterar as regras do negócio e provendo os executivos de informações gerenciais e estratégicas (Ward e Griffiths, 1996).

Segundo Pels e Wortmann (1996), três grandes níveis de integração organizacional são alterados com a implementação dos SIIs: o nível cultural, envolvendo identidade organizacional (representatividade, reputação) e valores das pessoas com relação à organização (engajamento); o nível social, envolvendo diferentes formas de relacionamentos entre a comunidade organizacional (pessoas), alterando hierarquias (estrutura) e funções de trabalho (comprometimento com o todo); e o nível técnico, promovendo uma forte revisão e automação dos processos, bem como a alteração dos meios físicos de suporte à automação dos mesmos (de manual para automatizado, de *mainframe* para rede, de trabalho individualizado em PCs para trabalho em equipe com tecnologias de *workgroup* e *intranet*).

A potencialidade do uso dos SIIs para as organizações está na postura proativa da gerência. Essa postura possibilita uma melhoria contínua dos processos no foco sobre entidades amplas (processos integrados *versus* fragmentados), na captura de informações atuais (consolidações) e futuras (previsões), na detecção de entidades compartilháveis (BD centralizado), enfatizando o significado da informação e a integridade semântica, e no alinhamento dos fatores críticos de sucesso, considerados como indicadores de gestão do planejamento estratégico (Kaplan e Norton, 1997). Uma de suas maiores vantagens é a modelagem dos processos, subfatorados em diferentes aspectos da empresa e apresentando diferentes níveis de abstração (estratégica, tática ou operacional). Esses processos devem descrever as operações de uma empresa sob o ponto de vista funcional (estrutura) e de dinâmica comportamental (pessoas).

Alguns autores (Lederer e Salmela, 1996; Reponen, 1998) ampliam o conceito dos SIIs, afirmando que esses são sistemas projetados para promover vantagem competitiva ou para trazer resultados em um nicho competitivo para a organização. Para esses autores, tais sistemas devem modelar e absorver os processos decisórios, permitindo identificar potenciais operações estratégicas, bem como o alcance dos objetivos globais definidos para o negócio. A esses aspectos adiciona-se a característica dos mesmos de alinhar o planejamento de TI com os objetivos do negócio. Reponen (1998) argumenta, implicitamente, que a atividade de planejamento estratégico de TI deve correr em paralelo com a atividade do redesenho do processo do negócio, resultando em um plano estratégico que considerará os melhores aspectos do negócio.

Cooper e Zmud (in: Ho et al., 1998) afirmam que o sucesso do alinhamento estratégico entre os SIIs e os objetivos do negócio depende da metodologia de implementação utilizada para a redefinição dos processos do negócio. Os autores apresentam um modelo de implementação dos SIIs que incorpora alguns dos elementos básicos de mudança estratégica: estrutura (hierárquica ou centralizada, em rede ou descentralizada), cultura organizacional (de crescimento, patriarcal), processos, indivíduos e papéis (funções e atitudes). As etapas do modelo são iniciação (envolve processo de seleção da TI), adoção (suporte e recursos), adaptação (customização da tecnologia, de acordo com o modelo de negócio), aceitação (uso da tecnologia), padronização (ajuste dos processos manuais aos definidos no SI) e utilização (integração total do sistema com o negócio e de seu uso potencial, servindo de marco para contagem da efetividade de uso).

Henderson e Venkatraman (1993) mostram em suas pesquisas que a importância dessas ferramentas é traduzida em termos de valor agregado para as operações da organização. Os autores explicam que a eficiência do alinhamento se dará através da melhoria dos processos, realizada durante a implantação de um SII, e pela redução de custos da operação do negócio como um todo. Para eles, o alinhamento entre as estratégias de negócio e de TI tem sido a chave para os investimentos nesta última pelas organizações.

Assim, a importância da tecnologia dos SIIs para o modelo proposto encontra-se na associação de variáveis encontradas nos métodos de implementação com as variáveis de alinhamento estratégico – adequação estratégica e integração funcional. Na adequação, será medido o grau de relacionamento entre o negócio e a informação resultante do SII para tomada de decisão estratégica (consistência informacional). Para o elemento integração funcional, o SII representará a adesão e a integração entre pessoas, infra-estrutura e processo.

Modelo de Planejamento Estratégico de Sistemas de Informação e Aprendizagem Organizacional (PESI-AO)

Este capítulo trata das abordagens de planejamento estratégico de sistemas de informação (PESI) encontradas na literatura e traça um paralelo entre as abordagens clássicas e tradicionais e a abordagem incremental, considerando as variáveis críticas presentes que possam influir no modelo proposto. A seguir, o modelo proposto de PESI é apresentado, contendo os ciclos internos e externos do processo de planejamento e incorporando novos conhecimentos oriundos das áreas de tomada de decisão e de aprendizagem organizacional (AO). Por último, são discutidas as principais dimensões e prescrições do modelo.

ABORDAGEM PROPOSTA: UM PROCESSO INCREMENTAL

A mais importante distinção entre as abordagens tradicionais e a aqui proposta está relacionada com a diferença entre as abordagens sinóptica e incremental. As duas abordagens têm sido interpretadas como representações teóricas de planejamento competitivas, inicialmente na área de gerência estratégica (Fredrickson, 1984) e mais tarde nos estudos de PSI (Sambamurthy et al., 1994). Essa distinção remete a considerações sobre o processo decisório organizacional com relação às variáveis de abrangência (sinóptico-incremental), racionalidade (racional-político) e estilo gerencial (diretivo-participativo).

As abordagens sinóptica e incremental ilustram outras apresentadas nesta seção consideradas ideais, tendo sido determinadas por Salmela (1996) como abordagens voltadas para ambientes de turbulência externa. Sambamurthy et al. (1994) descreveram-nas da seguinte forma:

- *Abordagem sinóptica*: envolve uma aquisição abrangente e uma avaliação exaustiva das informações sobre as alternativas estratégicas e a integração dos planos individuais para o contexto de um plano organizacional abrangente. Os grupos de planejamento envolvem pessoas com diferentes *backgrounds*, assim como pessoas de fora da organização. Enfatizam o uso de critérios para avaliar as alternativas, o desenvolvimento de reuniões formalmente esquematizadas e a preparação de planos de contingência para uma ampla extensão de cenários. O ponto central para a grande abrangência é a ênfase no uso de regras cuidadosamente documentadas e procedimentos para o planejamento.

- *Abordagem incremental*: os planos evoluem por meio de procedimentos do tipo tentativa-e-erro. Essa abordagem é baseada no reconhecimento de que os limites individuais da racionalidade e a política organizacional restringem a gama de alternativas que pode ser examinada antes da formulação das estratégias. São realizadas tentativas de integrar os planos individuais ao contexto de um plano corporativo mais abrangente. Os grupos de planejamento perseguem um comportamento de união em torno de idéias e conhecimentos de grupos afins. Essa abordagem enfatiza idéias e interpretações em vez de regras e procedimentos existentes.

A principal distinção entre as duas abordagens é a abrangência do processo, que pode ser definida como o grau de extensão no qual uma organização tenta ser exaustiva ou inclusiva no processo decisório e estratégico (Sambamurthy et. al., 1994).

O Quadro 7.1 mostra as diferenças entre as duas abordagens em relação às variáveis que encontram-se prescritas no modelo. A questão da abrangência envolve as variáveis de escopo (Earl, 1993) e de abrangência (McLean e Soden, 1977). A abordagem sinóptica enfatiza a integração das decisões individuais dentro dos níveis da estratégia organizacional, sendo que as estratégias são baseadas em análises detalhadas. Na abordagem incremental, poucas tentativas são feitas para integrar os planos individuais a um plano organizacional mais abrangente, e muitas das escolhas-chave são preferencialmente baseadas na intuição, e não em análises racionais (segundo o modelo clássico).

A idéia geral é de que se deve desenvolver uma visão global e identificar os principais projetos a serem implementados. A partir daí, concentra-se a atenção nos projetos específicos, entendidos como a própria implementação do plano geral desenvolvido, procurando manter concentrado neles o máximo possível da equipe de planejamento original. Busca-se, então, esporadicamente, integrar os planos individuais em desenvolvimento. Esse mecanismo é válido durante a vigência do plano original (que gerou os diversos projetos), sendo este um processo cíclico.

As abordagens se diferenciam em função do formalismo do processo. A ênfase nas reuniões formalmente esquematizadas e nas regras e procedimentos cuidadosamente documentados sugere que a aproximação sinóptica representa um planejamento formal. A abordagem incremental, por outro lado, aparenta ser menos formal, na medida em que favorece preferencialmente idéias e interpretações, em vez de regras e procedimentos existentes, para diagnosticar as questões do planejamento. Nesse sentido, pode-se considerar que a abordagem proposta é incremental, na linha do incrementalismo lógico. Isso significa que ela adota um processo incremental de planejamento com periodicidade definida e algum formalismo, porém sem o excesso de formalismo da abordagem tradicional.

Com relação ao nível em que se dá o processo decisório organizacional, não se identificam diferenças específicas, o que implica que ambas as abordagens podem ser empregadas de um modo centralizado ou descentralizado.

Quadro 7.1 Diferenças entre as abordagens tradicionais e a proposta

Abordagem tradicional sinóptica		Abordagem proposta incremental
Amplo Nível de Organização	*Escopo*	Focalizado Nível de Projeto
Racional Analítico	*Abrangência*	Intuitivo Experimental
Formal Esquematizado, periódico	*Formalismo*	Informal Flexível, *ad hoc*
Centralizado ou descentralizado	*Processo decisório*	Centralizado ou descentralizado

Há uma lógica intuitiva em assumir que o escopo do planejamento, o uso de análises racionais e o maior formalismo estariam relacionados. Estudos abrangentes, como os realizados na atividade de planejamento, requerem o envolvimento de diferentes grupos organizacionais; para avaliar as alternativas e derivar conclusões de uma grande quantidade de informação, é exigido o uso de métodos de análise e critérios bem documentados e definidos; gerenciar uma grande equipe de planejamento requer quase inevitavelmente algumas regras pré-definidas, procedimentos e horários.

Quando a agenda é mantida estreita e focalizada, o *staff* de planejamento pode permanecer pequeno, e diferentes pontos de vista podem ser discutidos e avaliados informalmente, sem definição prévia de critério e métodos de análise. Assim, intuição e experiências pessoais podem ser usadas em vez das análises racionais (no sentido clássico); o gerenciamento de pequenas equipes de planejamento não exige regras pré-definidas, procedimentos e horários fixos; questões de planejamento podem ser discutidas de modo informal, conforme a necessidade.

É importante destacar que se está utilizando a visão racional no sentido clássico, em oposição à intuitiva. Entretanto, poderia ser utilizada a visão de Allais (1953), em que o racional pode ser entendido como coerente. Nesse sentido, a própria abordagem incremental poderia ser considerada racional na visão do autor quanto à coerência. Conforme esse autor, o modelo dito clássico-racional se apropriou do termo racional, fornecendo um sentido diferente.

Outra forma de abordar essa questão é fornecida pela pedagogia e pela própria aprendizagem organizacional, em que os diferentes modelos mentais de quem age e de quem interpreta a ação tornam relativo o conceito de racional. Alguns autores preferem usar as expressões "consciente" e "inconsciente". Nessas linhas de estudo, explica-se parte dos comportamentos ditos intuitivos como sendo coerentes (ou racionais), já que se chega àquela aparente intuição por um longo e identificável processo racional (coerente). Como na literatura se convencionou o uso do termo racional no sentido clássico (Capítulo 2), mantém-se aqui essa visão, contrapondo-o à intuição, conforme o Quadro 7.1.

Seguindo a linha do incrementalismo lógico, o que se busca é uma conciliação de uma visão mais abrangente inicial com algum formalismo e o desenvolvimento de projetos afins em grande quantidade e articulados entre si pelo plano original. Essa é a visão do incrementalismo lógico, conforme proposto por Quinn (1980) e adotado no modelo proposto. Sob esse ângulo, as atividades de integração, liderança e comunicação são essenciais, conforme observado em várias empresas estudadas. Mas, acima de tudo, o mecanismo é viável, como demonstrado no caso analisado e sob aquelas condições descritas.

Na última década, diferentes pesquisadores têm utilizado diferentes nomes para um processo de planejamento baseado em uma rede de trabalho informal e de comunicação em que o planejamento formal tem um papel mais limitado, porém ainda utilizado. McLean e Soden (1977) referem-se a ele como uma abordagem interativa; Pyburn (1993) o descreve como uma abordagem pessoal-informal; Earl (1993) utiliza o termo "abordagem organizacional"; Lederer e Mendelow (1988) utilizar o termo "*mudling through*", conforme proposto por Lindblom (1959); Venkatraman et al. (1993) denominam-no "alinhamento estratégico contínuo"; e Sambamurthy et. al. (1994) descrevem-no como uma abordagem incremental. Salmela (1996) emprega a expressão "planejamento emergente de SI" para referir-se coletivamente a essas novas abordagens de planejamento, enquanto Reponen (1998) prefere o modelo evolutivo. Nesta pesquisa, buscou-se incorporar as contribuições da área de AO nesta linha de planejamento com base no incrementalismo lógico (Quinn, 1980), utilizando o termo-modelo PESI-AO.

Da mesma forma, a visão de planejamento de SI proposta como um tipo ideal é muito bem estabelecida. Isso se deve, em parte, ao fato de que os princípios-chave da abordagem proposta têm sido descritos por diversos autores na área de gerenciamento estratégico.

No modelo PESI-AO, a equipe de planejamento tende a ser mais heterogênea (multidisciplinar) do que nas abordagens tradicionais. Usando o tipo ideal (incremental), contudo, corre-se o risco de uma excessiva simplificação no processo de seleção de investimentos, o que também pode refletir-se em falhas ao identificar novas oportunidades de uso da TI nos negócios. Outra limitação dessa abordagem pode ser a falha nas tentativas de incrementar as comunicações entre pessoal de SI, níveis gerenciais e usuários.

Entretanto, ao adotar a visão do incrementalismo lógico, não exclusivamente representado pelo tipo ideal, mantém-se um mínimo de formalismo no processo e põe-se em prática uma visão incremental na condução do plano, principalmente no tocante à implementação. Somando a isso as diversas técnicas da AO, será possível um processo de planejamento contínuo com alto grau de participação, não só na elaboração do plano como também na sua implementação.

Desse modo, a diferença fundamental está relacionada na ênfase dada à participação dos níveis gerenciais no processo, no trabalho de equipe e na aprendizagem coletiva no universo da organização. Os dados coletados nas pesquisas realizadas pelos autores indicam que o ambiente proposto de PESI não é mais fácil de ser implementado do que o processo tradicional. As questões críticas parecem ser o grau de sucesso da organização na tentativa de criar mecanismos que aproximem o pessoal de TI dos níveis gerenciais. Logo, está claro que a obtenção de um ambiente como o aqui descrito requer o envolvimento de toda a organização, não se restringindo somente à área de SI. As evidências apontam que a implementação de uma abordagem de planejamento interativa requer que a empresa como um todo se dedique ao processo. Na verdade, essa abordagem indica que a função de SI não pode ser analisada independentemente, desprezando as características da organização como um todo.

ABORDAGEM PROPOSTA: VARIÁVEIS CRÍTICAS PRESENTES

Algumas variáveis costumam ser críticas na implementação da abordagem de PESI proposta neste livro. Devem ser considerados:

- *Estilo do processo de planejamento de negócios* – uma abordagem de planejamento interativa requer que a empresa utilize esta mesma abordagem no seu conjunto.
- *Comunicação* – uma forma de comunicação clara, transparente e correta deve estar presente no contexto do processo de planejamento de SI. Este deve ser muito visível e acessível a todos na organização.
- *Estrutura* – a estrutura organizacional desempenha importante papel sob dois aspectos: devem ser criadas as condições estruturais para o desenvolvimento de esforços de aprendizagem (ambiente, recursos, espaços físicos apropriados), e os níveis decisórios na área de SI devem ser compatíveis com o impacto potencial (localizado no nível decisório estratégico).
- *Horizonte de planejamento* – a diminuição dos horizontes de planejamento com a adoção de uma visão incremental parece ser o mais adequado para o contexto sócio-econômico de alta instabilidade e mudança em que vivemos atualmente. Assim, períodos curtos de planejamento favorecem a abordagem proposta de um processo de planejamento contínuo e interativo.
- *Cultura organizacional* – o processo decisório deve ser baseado em grupo, ao contrário das abordagens tradicionais em que o processo decisório é individual. Portanto, é importante uma cultura organizacional que valorize o processo de decisão coletivo e que esse processo esteja centrado nas áreas usuárias.
- *Papel do líder* – as evidências dos estudos desenvolvidos manifestam-se claramente no relevante papel do líder do processo, destacando suas características de representatividade e capacitação na área gerencial, com ênfase no uso de técnicas de aprendizagem.
- *Uso de técnicas de AO* – o modelo PESI-AO pressupõe o conhecimento e o uso intensivo de técnicas de AO, com destaque para as indicadas neste estudo. Dá-se preferência às técnicas de dinâmica de grupo, de simulação e cenários estratégicos, e de resolução de problemas pelo enfoque sistêmico.
- *Significância da TI no negócio* – as evidências mostram que quanto maior a percepção da significância da TI para os negócios, mais empenhados e comprometidos tendem a estar os participantes do processo.
- *Criação de um ambiente de aprendizagem* – as evidências indicam que os processos formais de capacitação (cursos e treinamentos) são tão importantes quanto as novas propostas na área de aprendizagem, tais como dinâmicas de trabalho em grupo, desenvolvimento de comportamento criativo e uso de técnicas de simulação. Esse esforço de aprendizagem deveria ser unificado em nível corporativo.

- *Desenvolvimento de uma visão compartilhada* – a busca constante de uma visão compartilhada sobre o papel da TI é um dos pontos mais importantes no tocante ao desenvolvimento de planos na área de SI. Mesmo que essa visão seja segmentada por grupos, deve-se buscar o compartilhamento dos pontos-chave.
- *Incorporação integral da implementação* – a implementação do plano deve ser incorporada como parte integrante do processo de planejamento, significando a manutenção da mesma equipe de planejamento como responsável pela implementação.
- *Identificação do potencial de aprendizagem e mudança* – a identificação dos agentes de mudança e aprendizagem, assim como as principais barreiras e estimuladores em relação a ambas as ações, devem ser conhecidos no contexto organizacional. Isso envolve basicamente o desenvolvimento de um inventário do potencial de aprendizagem existente, de modo a utilizar e desenvolver esse potencial.
- *Complexidade do ambiente externo* – a complexidade e a volatilidade do ambiente e da tecnologia direcionam para uma abordagem mais incremental e participativa no processo de PESI.
- *Aspectos políticos* – há que considerar-se os aspectos políticos no contexto organizacional, por sua importância na condução do processo decisório organizacional, e a busca de comprometimento das diversas coalizões políticas organizacionais.

Os modelos de planejamento existentes na área de SI encontram dificuldades de implementação porque são altamente prescritivos e implicam alto grau de formalismo e tecnicismo em suas abordagens, em uma linha nitidamente racional. Eles não necessitam ser prescritivos, desde que os diversos elementos envolvidos no processo sejam abordados. De fato, constata-se que muitas organizações utilizam um grande número de ferramentas de planejamento sem os benefícios de um modelo coerente e sem uma aparente seqüência, o que evidencia uma visão estratégica e uma abordagem incremental que não é acompanhada pelos modelos existentes.

No modelo PESI-AO, a estratégia não é resultado exclusivo do processo de planejamento estratégico, mas produto de um conjunto de processos (planejamento estratégico, pensamento estratégico e processo de tomada de decisão oportunístico) que contribui para o estabelecimento de uma estratégia. Esses processos envolvem aspectos fundamentais neste enfoque, relacionados com o caráter sistemático e abrangente e o caráter criativo e empreendedor. Isso torna viável o desenvolvimento do processo de planejamento estratégico (pensamento estratégico) e, finalmente, possibilitam uma postura proativa frente a fatos novos e oportunidades ao longo do processo (processo de tomada de decisão oportunístico).

Por outro lado, encontram-se evidências de que o planejamento estratégico, na maior parte das vezes, não contribui para o pensamento estratégico. A reação correta não é, entretanto, abandonar o planejamento. Ao contrário, entende-se que as necessidades de um pensamento estratégico nunca foram tão grandes. Acredita-se que a nova visão do processo decisório tem deslocado o processo de planejamento estratégico para dentro da atividade gerencial. Sob esse aspecto, entende-se que o modelo aqui proposto pode contribuir significativamente quando conduzido de forma adequada por gerentes capazes e com formação apropriada.

A área de SI tem estado sob uma tremenda pressão de mudanças diante das novas possibilidades tecnológicas, organizacionais e de mercado (Figura 7.1), que demandam uma nova visão na formulação e implantação de estratégias. E isso gera pressão sobre os tomadores de decisão.

Como já observado em capítulos anteriores, deve ser destacada a importância do processo de aprendizagem organizacional como algo fundamental para a viabilização de processos de mudança nas organizações. Esse processo se destina a atuar diretamente sobre as principais fontes de problemas em relação ao processo de incorporação de TI nas organizações: as resistências do pessoal (usuários) e a dificuldade de aceitar e participar do processo de mudança gerado (Boar, 1993; Ward e Griffiths, 1996; Gottschalk e Lederer, 1997; Sprague e McNurlin, 1999).

A aprendizagem é um conceito crítico na criação de estratégias implementáveis de SI. Em um processo de PESI, um dos objetivos é desenvolver uma visão compartilhada de como usar a TI. O problema, porém, é como fazer as pessoas desenvolverem e aceitarem uma visão compartilhada. A esse respeito, uma aprendizagem cooperativa pode levar à criação de ambientes de aprendizagem em que pequenos grupos aprendem, em conjunto, a atingir objetivos comuns. A criação de uma estratégia de SI normalmente é um trabalho de grupo que envolve representantes de diversas áreas da organização. E o objetivo da estratégia deve ser o de gerar aprendizagem.

Um dos principais problemas na geração de estratégias na área de SI tem sido o efeito autocontido: os planos são cuidadosamente desenvolvidos e, então, após aprovados, nunca executados. Isso pode ser uma decorrência dos procedimentos excessivamente positivistas e prescritivos, em que os resultados do processo de planejamento apresentam-se como mais importantes do que sua eficácia prática. Existem diversas abordagens para PESI, mas os métodos não fazem os planos – são as pessoas que os fazem. Em virtude disso, é extremamente importante contar com pessoas-chave, completamente envolvidas no processo de planejamento. O envolvimento delas torna a ocorrência da implementação muito mais provável.

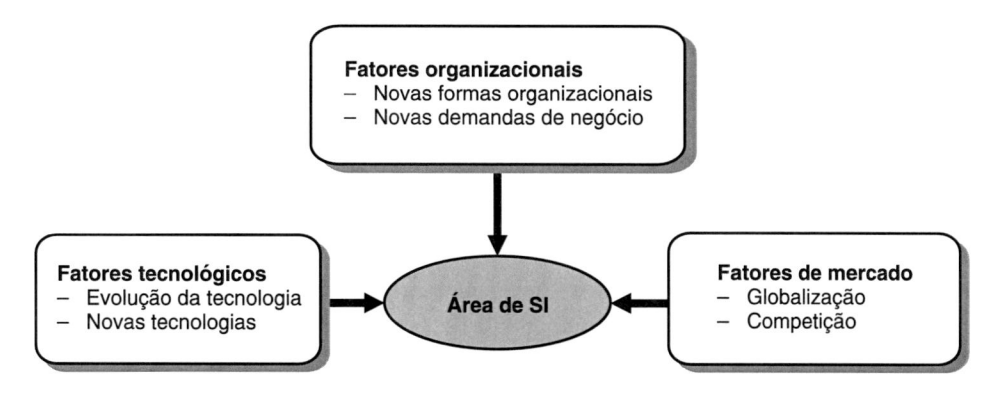

Figura 7.1 Pressões de mudanças.

Os resultados obtidos sugerem que se pode caracterizar um diferente referencial científico para estudar e executar o processo de planejamento. Isso significa partir de uma visão mais positivista e prescritiva em direção a uma visão mais interpretativa, baseada na ciência da ação, na linha da escola de planejamento descritiva. Argyris (1993) destaca que a ciência da ação pode ser um ponto de partida para desenvolver um processo de aprendizagem interativo visando à geração de estratégias. E isso significa que os responsáveis pelo processo de planejamento, assim como os pesquisadores, devem se engajar com os participantes das diversas áreas da organização em um processo colaborativo, que estimule a crítica em relação aos processos e problemas da prática social em um contexto de aprendizagem. A característica fundamental desse contexto deve ser a de projetá-lo especificamente para estimular a aprendizagem.

Isso implica que o processo deve ser contextual e centrado nos usuários, isto é, os objetivos devem ser negociados entre os grupos de trabalho, altamente representativos. O processo deve envolver um ciclo de aprendizagem contínuo, gerando tanto resultados aceitáveis para todos os envolvidos como resultados práticos para uso e efeito imediato. Isso significa aceitar que cada contexto social é único, em vez de uma instância de um caso geral. Por conseguinte, não se pretende produzir prescrições específicas para reger o processo de planejamento, e sim identificar um conjunto de elementos que devem ser analisados e estudados durante seu transcorrer. O modelo de PESI-AO identifica esses elementos em quatro diferentes dimensões: diagnóstico, estratégia, estratégia de aprendizagem e implementação.

O ponto central, entretanto, está no uso de métodos que propiciem maior participação e envolvimento. Dentre esses métodos, destacam-se as entrevistas, as dinâmicas de grupo, o uso intensivo de técnicas de simulação para a modelagem de soluções e análises de impacto, a criteriosa e abrangente formação dos grupos de trabalho e a coordenação do processo. Entende-se que esse foco na participação e no envolvimento do pessoal irá gerar maior e efetivo comprometimento, e isso será fundamental para a implementação do plano.

MODELO PESI-AO: CICLOS INTERNO E EXTERNO

O modelo PESI-AO, apresentado na Figura 7.2, parte da incorporação dos novos conhecimentos oriundos das áreas de tomada de decisão e de aprendizagem organizacional. O modelo visa ao desenvolvimento de estratégias implementáveis de SI e reconhece que os conhecimentos, capacidades e habilidades dos participantes da organização afetam diretamente a forma como a área de SI é gerenciada e utilizada.

Os aspectos humanos são contemplados pelo reconhecimento da organização como uma estrutura de aprendizagem, em que gerentes e usuários estão envolvidos no processo. Logo, a estratégia de SI é um produto simultâneo dos processos de aprendizagem e de planejamento. Visualizar as organizações como estruturas de aprendizagem implica também reconhecer que cada organização possui características que a diferencia das demais, histórias passadas que determinam sua cultura e que são baseadas em capacidades cumulativas de aprendizagens passadas.

No tocante à definição das estratégias de TI, a retroalimentação entre a fase de implantação, por meio do processo decisório oportunístico, e as fases de estra-

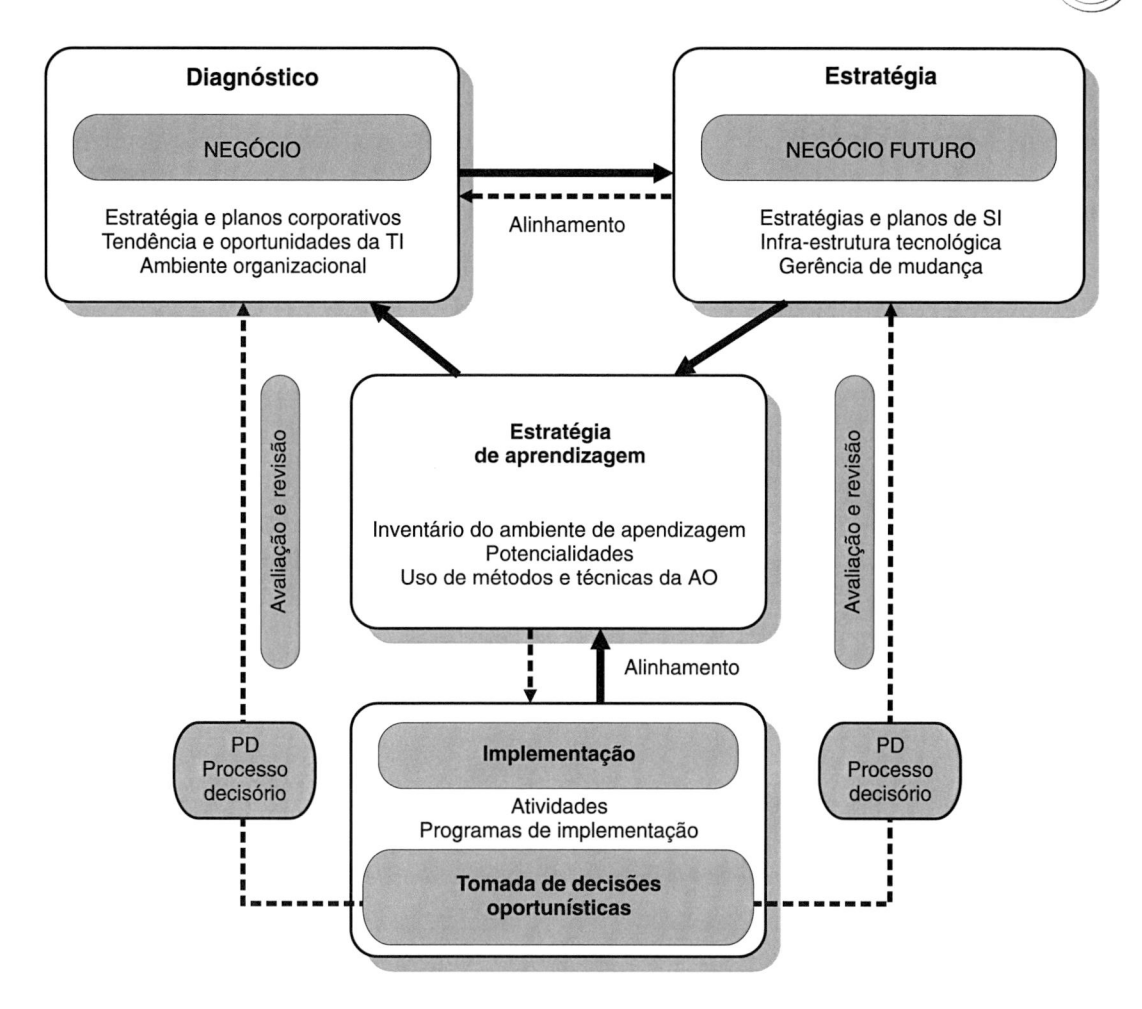

Figura 7.2 Modelo PESI-AO.

tégias de aprendizagem, diagnóstico e estratégia propicia, ao longo do tempo, o ajuste e o surgimento de novas estratégias. Assim, a Figura 7.3 representa o processo de criação de estratégias, desde a estratégia original até a realizada, considerando o surgimento de estratégias emergentes.

É importante destacar que essa característica do modelo PESI-AO permite (ou reconhece) que muitas estratégias emerjam na organização (seta contínua à direita, Figura 7.3), em um contexto de aprendizagem organizacional. Ao reconhecer esse aspecto, mantém também a possibilidade (e viabilidade) da realização de estratégias inicialmente concebidas (seta tracejada, Figura 7.3). Dessa maneira, implementa-se a visão básica do modelo decisório proposto por Quinn (1980) na linha do incrementalismo lógico, mostrando que as duas formas de desenvolvimento de estratégias não são excludentes e podem ocorrer simultaneamente. Isso resgata as críticas direcionadas aos modelos prescritivos de planejamento, direcionando este modelo proposto à escola descritiva. Nesta abordagem,

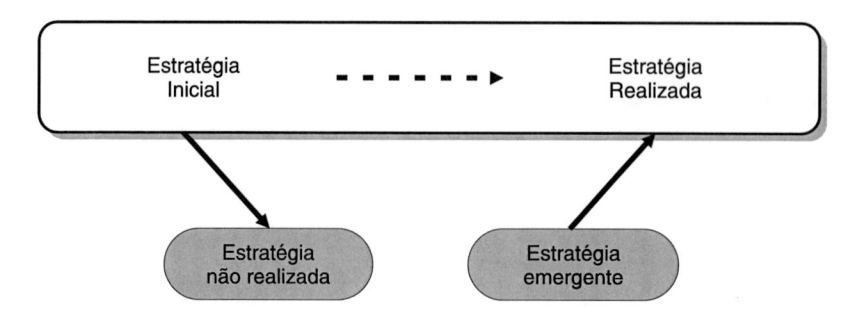

Figura 7.3 Formulação da estratégia.
Fonte: adaptado de Mintzberg, 1995.

as estratégias emergentes surgem na organização em virtude do ambiente de aprendizagem e participação gerado no contexto do uso das técnicas e contribuições da aprendizagem organizacional.

O modelo PESI-AO é composto por quatro dimensões básicas: diagnóstico, estratégia, estratégia de aprendizagem e implementação, detalhadas a seguir, juntamente com outros itens integrantes.

Diagnóstico

A dimensão de diagnóstico (caixa de texto ao alto e à esquerda, Figura 7.2) envolve inicialmente a verificação do planejamento estratégico corporativo. Para isso, identifica as estratégias e planos corporativos, visando a delinear claramente como a área de TI pode atuar de modo a contribuir com o negócio projetado.

Essa dimensão representa a participação da gerência de SI no planejamento estratégico corporativo, a fim de identificar os processos de negócios e planos corporativos para habilitar uma clara visualização das formas como a área de TI poderá contribuir no negócio futuro planejado para a organização. Este processo necessita ser integrado. O planejamento de negócios e de SI deve ocorrer simultaneamente, o que irá requerer que o nível diretivo ou gerencial da área de SI participe ativamente do processo de formulação do planejamento estratégico corporativo. Da mesma forma, níveis gerenciais de outras áreas de negócios devem participar ativamente no processo de PESI, principalmente na identificação de prioridades, alocação de recursos e tomada de decisões sobre investimentos em TI. Essa abordagem irá exigir equipes gerenciais de SI que assimilem os planos e processos de negócios e gerentes de unidades de negócios que entendam o valor e o papel da TI.

A fase de diagnóstico inclui a verificação de tendências e oportunidades existentes no ambiente externo da organização. Isso também inclui a avaliação dessas tendências e oportunidades em termos do ambiente atual de TI da organização.

As habilidades, conhecimentos e visões dos atores organizacionais afetam a forma como a área de SI é gerenciada e utilizada na organização. Do ponto de vista metodológico, essa dimensão inclui a identificação e a avaliação de estrutura organizacional, atribuições das áreas, missão, objetivos estratégicos e táticos (funcionais), processos de negócios, fatores críticos de sucesso, obstáculos e necessidades de informação.

Alinhamento

A transição entre as dimensões de diagnóstico e de estratégia (linhas entre as caixas de texto superiores, Figura 7.2) está centrada no delineamento da nova visão de negócio da organização e da forma com que se estabelecerá um alinhamento estratégico entre a área de TI e a corporativa.

Essa conexão entre as dimensões de diagnóstico e de estratégia representa que os resultados da dimensão de diagnóstico serão utilizados pela dimensão de estratégia como um insumo básico. Também indica que o resultado da dimensão de estratégia será utilizado pela dimensão de diagnóstico em um contínuo e alternado processo de retroalimentação. Fica, assim, evidenciado o potencial transformador da TI na própria estratégia de negócio, direcionando para um alinhamento estratégico que tende a um desenvolvimento concomitante dos planos de negócio e de SI.

Nesse processo, devem ser respondidas algumas questões referentes à descoberta da ligação entre o negócio e a TI, ou seja, (a) a questão da identificação das áreas que podem ter produtividade ampliada, melhoria ou criação de novos produtos ou serviços; e (b) a questão de definição do escopo e da natureza das mudanças (ou seja, radicais ou incrementais).

Por outro lado, a transição entre as dimensões de estratégia de aprendizagem e implementação (linhas entre as dimensões de estratégia de aprendizagem e implementação, Figura 7.2) está centrada no alinhamento contínuo causado pelo próprio processo de aprendizagem que ocorre durante a implementação do plano. Dessa forma, o modelo PESI-AO incorpora importantes contribuições da área de alinhamento estratégico de TI ao dar suporte ao conceito de alinhamento durante a etapa de implementação do processo de planejamento estratégico desenvolvido por Brodbeck e Hoppen (2001) e descrito em um capítulo à parte deste livro (Capítulo 8).

Estratégia

A dimensão de estratégia (caixa de texto ao alto e à direita, Figura 7.2) envolve a definição do papel que a área de SI vai desempenhar no negócio da organização, visando a uma atuação alinhada estrategicamente com o negócio. São definidos os referenciais do planejamento na área de TI, as estratégias e os planos de SI, e é delineada a infra-estrutura tecnológica.

Assim, a dimensão de estratégia alimenta diretamente (via linha contínua entre a dimensão de estratégia e a de estratégia de aprendizagem) a equipe responsável por conduzir o processo de mudanças, devendo estar centrada em questões relacionadas com a aprendizagem organizacional (identificação de potencialidades e criação de ambiente adequado). Em virtude disso, evidencia-se a visão do processo de mudança tecnológico como diretamente relacionado à criação de um ambiente de aprendizagem propício para que a implementação seja viável. Essa transição deve preparar a empresa para atingir uma implementação eficiente para o plano gerado – incorporando conhecimentos e procedimentos e objetivando criar um ambiente de aprendizagem capaz de viabilizar as mudanças.

Como essa dimensão centra-se na definição da estratégia de SI na organização, ela também envolve, do ponto de vista metodológico, o desenvolvimento das matrizes de relacionamento (missão *versus* objetivos estratégicos, FCS *versus* objetivos estratégicos, FCS *versus* objetivos funcionais, objetivos funcionais *versus* objetivos estratégicos), a definição dos referenciais da área de sistemas de informação (visão de sistemas de informação, políticas da área de sistemas de informação, objetivos estratégicos, objetivos tático/funcionais e fatores críticos de sucesso da área), as matrizes de relacionamento da área de SI, a infra-estrutura tecnológica, os sistemas aplicativos propostos, os recursos humanos, a gerência do processo de mudança e os projetos específicos.

Estratégia de aprendizagem

O principal desafio, neste ponto, é como auxiliar as pessoas e a organização como um todo a desenvolver, consolidar e efetivamente compartilhar uma visão comum sobre o papel da TI. A abordagem proposta tem por objetivo criar condições para isso desde o início do processo – fortemente participativo e incremental. Entretanto, essa visão necessita ser promovida por meio de um esforço de aprendizagem cooperativo. Essa aprendizagem cooperativa terá lugar em ambientes nos quais pequenos grupos ganham conhecimento juntos, de modo a atingir um objetivo comum. Uma abordagem educacional e cognitiva deve ser utilizada para alcançar essa visão e facilitar os relacionamentos interpessoais que, por sua vez, irão ter efeitos positivos na motivação, na auto-estima, no comprometimento e na resolução de conflitos. Para que isso ocorra, deve-se inicialmente mapear ou desenvolver um inventário do potencial de aprendizagem existente na organização.

Percepções pessoais, inovações e idéias criativas desempenham um relevante e significativo papel nessas dimensões de estratégia. Nos últimos anos, um grande número de técnicas foi desenvolvido para facilitar e estimular o desenvolvimento de idéias criativas. O objetivo é estimular as pessoas a sairem da suas formas convencionais de resolver problemas e habilitá-las a considerar uma grande gama de possibilidades alternativas, fazendo com que o processo de criatividade seja facilitado.

De Bono (1998) desenvolveu métodos que auxiliam as pessoas envolvidas no processo de decisão a produzirem novas idéias quando estimuladas a resolver um problema e, conseqüentemente, a gerarem uma nova forma de encarar o desafio. Tal processo irá resultar em soluções criativas. A abordagem desse autor, intitulada pensamento lateral, envolve a descoberta de novas fontes, enquanto o pensamento vertical envolve o aprofundamento contínuo e recorrente de antigas fontes. No atual contexto de profundas mudanças e transformações em que se vive, para analisar e encontrar novas possibilidades de uso das novas TIs nos negócios, o pessoal técnico e não-técnico deve encontrar novas fontes a serem exploradas.

Couger (1996) identifica 22 técnicas criativas que podem ser utilizadas em atividades na área de SI. Ele demonstrou o valor dessas técnicas de estímulo à criatividade em problemas reais para uma grande variedade de atividades. Muitas delas estão relacionadas diretamente com atividades do processo de planejamento de SI como, por exemplo, determinar os fatores críticos da implementação de programas de melhoria da criatividade na área de SI nas organizações. Ele divide as diversas técnicas em analíticas (abstração progressiva, questionamentos baseados na técnica 5W1H, análises de campo de força) e intuitivas (associação de imagens, *wishful thinking*, metáforas e analogias). Outros autores afirmam que a criatividade e o ambiente de aprendizagem são estimulados utilizando-se técnicas como jogos em micromundos, simulação, cenários e controle estratégico, dando destaque para as técnicas que adotam a abordagem sistêmica na resolução de problemas.

Nas dimensões de formulação de estratégias, diversas questões devem ser respondidas: como as novas TIs ou melhorias planejadas devem ser implementadas; como isso pode ser atingido pela expansão do uso dos sistemas correntes, pelo desenvolvimento de novas facilidades nesses sistemas, projetando novas aplicações, definindo novas gerações de *software*, etc.; que tipos de investimentos são necessários para realizar os melhoramentos planejados, e quais são os custos/ benefícios esperados; entre outras.

É importante ressaltar que a linha tracejada contínua entre essa dimensão e a de diagnóstico fecha um laço, que se denomina *ciclo interno*. Este ciclo representa a interatividade decorrente do ambiente de aprendizagem que envolve as dimensões de diagnóstico, estratégia e estratégia de aprendizagem, transformando o processo de planejamento em um processo contínuo de aprendizagem em si mesmo. Esse mecanismo será complementado com a inserção da etapa de implementação no corpo do modelo de planejamento, criando um laço externo, chamado *ciclo externo*. Este representa o mesmo mecanismo de interatividade entre a dimensão de implementação e as demais dimensões do modelo (via tomada de decisões oportunísticas).

Do ponto de vista metodológico, a dimensão de estratégia de aprendizagem envolve o inventário do ambiente de aprendizagem (identificando motivadores de aprendizagem e mudança, barreiras de aprendizagem e mudança, perfil da liderança e agentes de mudança), programas de implementação (envolvendo programas de aprendizagem, grupos de trabalho e projetos identificados) e identificação de métodos e técnicas de AO que possam contribuir com o processo como um todo, em especial na dimensão de implementação.

Essa dimensão estabelece o ponto central entre os ciclos interno e externo. Assim sendo, é crítica no sentido de promover o contínuo alinhamento do processo de planejamento, tanto estratégico como de implementação, conforme pode ser confrontado com o modelo de alinhamento apresentado no próximo capítulo.

Implementação

A dimensão final (caixa de texto inferior, Figura 7.2) é a de implementação do plano. Essa etapa é a que envolve os maiores riscos e problemas no processo de incorporação de novas tecnologias, conforme apresentado na base teórica deste estudo.

Nesta dimensão, o principal tópico está relacionado com a eliminação da distância existente entre os grupos de negócios e o pessoal de SI. Retomando os conceitos de aprendizagem, usuários e profissionais da área de SI geralmente necessitam de educação sobre como utilizar TI nos processos de negócios. E aqui se trata de um processo de aprendizagem organizacional que tem interconexões com a aprendizagem individual. Esses ciclos (aprendizagem individual e coletiva) afetam a aprendizagem em nível organizacional mediante sua influência nos modelos mentais compartilhados pelas organizações. Desse modo, a AO depende de os indivíduos alterarem seus modelos mentais e os tornarem explícitos. O processo, em si mesmo, possibilitará que a aprendizagem organizacional torne-se independente de qualquer indivíduo especificamente (transformando-se em um processo). Nesse sentido, a aprendizagem individual é necessária, porém não suficiente.

A dimensão de implementação envolve, do ponto de vista metodológico, a identificação das atividades, as responsabilidades, os acompanhamentos (fluxo de execução, pontos de controle), o acompanhamento da execução (física e financeira), a avaliação dos projetos e dos programas de aprendizagem.

Tomada de decisão incremental

As linhas laterais tracejadas, entre a dimensão de implementação e as caixas de texto superiores da Figura 7.2, representam a abordagem incremental do processo decisório no âmbito do processo de planejamento (*ciclo externo*). O processo deve ser conduzido sob os princípios do incrementalismo lógico (Quinn, 1980), reconhecendo a existência de um plano de SI, porém permitindo uma grande flexibilidade. Essa flexibilidade é necessária porque o processo decisório ocorrerá em um ambiente de profundas transformações tecnológicas, organizacionais e ambientais.

A decisão incremental irá continuar a maximizar novas oportunidades. Por isso, o plano deve ser utilizado como uma ferramenta básica para suporte gerencial e executado nos níveis técnicos e organizacionais, objetivando criar um ambiente que propicie uma implementação eficiente. Esse processo deve permitir retroalimentação, tanto para as dimensões de diagnóstico como de formulação de estratégias. Isso irá gerar uma situação de processo contínuo e interdependente no processo de planejamento, mantendo-o continuamente ativo na mente de cada participante.

A incorporação de contribuições da aprendizagem organizacional, como a técnica de controle estratégico (processo de simulação), permitirá uma checagem periódica das premissas que suportam o plano de SI. Isso também inclui o registro dos progressos nas estratégias de implementação definidas e a introdução de medidas de desempenho e correção do processo. Os resultados das ações humanas são de difícil predição, mas o uso de técnicas de simulação pode auxiliar na avaliação dos resultados prováveis, e então reter algumas medidas de controle. O processo de simulação poderá produzir alguns indicadores que irão permitir aos gerentes lidar com as inevitáveis mudanças ou desvios requeridos pelo processo. Em outras palavras, isso irá auxiliar os planejadores a agir, em vez de reagir, na fase de implementação, o que é importante para gerar *feedback* imediato no local e momento correto e de uma forma administrável.

O *ciclo externo*, representado pela linha tracejada entre a dimensão de implementação e a dimensão de diagnóstico, indica também o fluxo contínuo do processo de planejamento, pois a implementação de um plano já irá gerar os subsídios para a etapa de diagnóstico do seguinte, proporcionando ajuste e aprendizado contínuos para os próximos planos.

Modelo de Operacionalização do Alinhamento Estratégico (MOAE)

O que significa alinhamento estratégico? Em que momento deve-se colocá-lo em prática? Como realizá-lo? Essas e outras tantas questões estão sempre presentes nas mentes dos executivos de negócios e de TI. O alinhamento estratégico pode ser observado sob vários prismas. No entanto, é indiscutível: é importante implementá-lo, ele traz maior *performance* organizacional e deve ser promovido constantemente. Os diversos estudos científicos e as observações práticas comprovaram isso.

Alinhamento estratégico entre negócio e tecnologia de informação pode ser entendido como o ajuste entre as oportunidades de negócio e as tecnologias disponíveis para que estas oportunidades sejam executadas. Isso é a adequação estratégica apresentada nos modelos teóricos. No entanto, neste livro, o alinhamento estratégico é também considerado uma poderosa ferramenta de monitoramento contínuo e gestão das estratégias e objetivos organizacionais estabelecidos para um determinado período de planejamento. Se bem utilizada, essa ferramenta permite manter o foco projetado durante o dia-a-dia de uma organização, possibilita corrigir os desvios que ocorrem durante o período de tempo planejado e promove melhor compreensão do que está acontecendo, entre outros aspectos importantes.

Sob essa visão conceitual, o alinhamento estratégico pode ser encontrado nas diversas etapas do processo de planejamento (ver Figura 7.2, Capítulo 7). Imaginemos o desmembramento do processo de planejamento em dois[1]: o processo de negócio e o processo de TI. Pela visão de Teo (1994), o alinhamento ocorre, mesmo que em menor intensidade. Em algum momento da formulação estratégica, o alinhamento deve ocorrer, pois, atualmente, nenhum negócio poderá sobreviver ou crescer sem uma TI, seja de suporte, seja na representação básica de

---

[1] Os autores não concordam com essa linha. No entanto, estamos utilizando esse artifício para exemplificar uma determinada situação mais próxima da realidade encontrada nas organizações. Os autores pregam o alinhamento total, isto é, um único processo de planejamento para todas as etapas.

pedidos de alterações de informações gerenciais extraídas dos sistemas, etc., em que possam ser controlados alguns aspectos dos objetivos de negócio projetados.

Dessa forma, o modelo operacional de alinhamento estratégico proposto caracteriza-se por ser uma extensão dos modelos de alinhamento existentes na literatura e visa, principalmente, à operacionalização da promoção do alinhamento para a etapa de implementação do processo de planejamento estratégico. O aumento de eficiência, *performance* e impacto do alinhamento nas organizações foi assumido como pressuposto básico para o seu desenvolvimento. Assim, o foco manteve-se em conhecer "como" a promoção do alinhamento ocorre efetivamente na prática, durante as etapas pertinentes do processo de planejamento. Por isso, além dos modelos e elementos conceituais, houve a preocupação em analisar em profundidade alguns estudos de casos vivenciados pelos autores.

Neste capítulo, encontra-se descrita uma análise evolutiva dos modelos teóricos de alinhamento estratégico e dos modelos encontrados com base nos resultados das análises dos estudos de casos, que convergem para o modelo operacional de alinhamento estratégico durante as etapas de formulação e implementação do processo de planejamento estratégico. É apresentada a descrição detalhada do modelo e de suas dimensões e são discutidas sua complexidade e abrangência. Ao final do capítulo, encontra-se o elenco de elementos promotores de alinhamento estratégico entre PEN e PETI.

A EVOLUÇÃO DO MODELO

O modelo teórico de base para o desenvolvimento é o modelo de alinhamento de Henderson e Venkatraman (1993) – alinhamento entre os planos de negócio e de TI – combinado com os modelos de Reich e Benbasat (1996) – alinhamento representado pelo grau de consistência e atendimento entre os objetivos de negócio e os objetivos de TI em três níveis organizacionais – e o modelo de Teo (1994) – estágios de integração entre os planos das áreas de negócio e de TI.

O alinhamento é formado por um elo multidirecional entre as estratégias e objetivos organizacionais e as estratégias e objetivos de TI, dependendo do contexto organizacional e do ambiente interno e externo em que o processo de planejamento está ocorrendo. A intensidade do alinhamento depende diretamente da adequação estratégica entre os itens relacionados formalmente dentro dos planos de negócio e de TI, bem como da representação das funções do negócio pelo fornecimento de informações consistentes pela TI sobre determinada posição ou cenário do negócio (Zviran, 1990; Lederer e Sethi, 1996; Reich, 1992).

Ao analisarmos os modelos tradicionais de planejamento estratégico apresentados pela literatura (Boar, 1994; Mintzberg, 1990; King, 1988), constata-se que, além dos itens de planejamento – também chamados de componentes do planejamento (objetivos, estratégias, FCS, metas e critérios de avaliação) –, existem etapas que representam o movimento desses itens de uma realidade presente para uma realidade futura, as quais compõem o processo de planejamento estratégico como um todo. Buscando entender os modelos de alinhamento teórico de base à luz dos modelos teóricos de planejamento estratégico, observou-se que os mesmos não fazem referências explícitas às etapas do processo de planejamento – diagnóstico e formulação das estratégias, implementação e avaliação dos objetivos planejados para o horizonte de planejamento.

Com exceção do modelo de Teo (1994), os demais modelos apresentam uma distinção entre Planos de Negócio e Planos de TI, o que leva à interpretação de que sempre existem processos e documentos de planejamento separados para cada área. Mas, se alinhamento é adequação e integração entre as partes, será que o planejamento deve ser constituído por duas dimensões – negócio e TI?

Nesse sentido, o modelo de Teo (1994) é uma contribuição importante, pois identifica os estágios de alinhamento em que as empresas se encontram ou virão a se encontrar. Um dos estágios propostos é o de integração total, no qual não existe distinção entre os dois planos e processos. Esta abordagem vem ao encontro da abordagem proposta por outros autores da área de TI, em que esta não pode mais ser analisada de forma independente, mas integrada à organização como um todo (Salmela et al., 1997; Audy, 2001).

Em estudos posteriores, o próprio Venkatraman (1997) reforça essa idéia de que não se deve mais questionar se a TI é estratégia ou suporte do negócio, mas sim que ela pode ser e garantir o próprio negócio. Essa afirmação, combinada com a representação da realidade observada nos estudos de caso, mostrou ser verdadeira. Uma das organizações estudadas tinha um grande objetivo estratégico em nível mundial, ou seja, tecnologia. Esse objetivo foi subdividido em três projetos estratégicos: tecnologia de processos, tecnologia de pessoas e tecnologia de produto, sendo os dois primeiros considerados elementos importantes da TI. Dessa forma, por tecnologia de processos, estava representada a modelagem do negócio em regras a serem encapsuladas no sistema integrado de gestão; e por tecnologia de pessoas, estava representada a capacitação tecnológica das pessoas para o uso das TIs disponibilizadas.

Outros autores da área de gestão estratégica e tecnológica de negócios também partilham dessa visão de integração total quando apregoam que a tecnologia deve ser considerada como uma das estratégias básicas ou genéricas das organizações, assim como as estratégias de redução de custos, lucratividade e qualidade, entre outras (Rockart e Scott Morton, 1984; Tregoe e Zimmerman, 1980).

Uma outra característica dos modelos de alinhamento teóricos de base diz respeito à sua representação plana, onde o eixo X (Figura 8.1, p. 109) mostra o alinhamento entre a dimensão PEN-PETI pela adequação e integração funcional de ambos, e o eixo Y mostra o alinhamento entre os ambientes interno e externo durante a projeção de um determinado cenário (etapa de formulação do planejamento). No entanto, considerando os aspectos do processo do planejamento, em nosso entender, o modelo deve ser representado no espaço, acrescentando um eixo Z (horizonte do planejamento), em que a promoção do alinhamento é mostrada de forma contínua e permanente, seja entre os itens do planejamento de negócio e de TI ou entre as etapas do processo de planejamento.

Pode-se dizer que, na visão plana do processo, congela-se determinado cenário, onde ele é analisado e interpretado, oferecendo soluções alternativas que podem ser adotadas ou não. Na visão espacial do modelo, os cenários são alterados constantemente num ciclo intermitente, mostrando um processo em movimento que ocorre durante a implementação dos itens planejados. Isso nos remete à interpretação de Boar (1994) do que seja um modelo de planejamento estratégico em movimento.

Os modelos teóricos mostram, também, que a promoção do alinhamento pode ser alavancada a partir de várias direções (Luftman et al., 1993; Chan et al., 1997), ou seja, alguma ocorrência no ambiente externo forçando um ajuste das metas planejadas no ambiente interno (mudança no mercado altera regras de negócio na TI) e vice-versa, ou alguma reorientação do negócio forçando o ajuste da TI (por exemplo, *e-business*) e vice-versa. O exemplo mais clássico de direcionamento do alinhamento são os caixas eletrônicos automáticos do setor bancário.

No início da década de 90, os bancos buscaram atender sua estratégia de negócio de redução de custos pela transferência de algumas transações internas para o usuário (saques, pagamentos) e, para isto, foi necessária uma nova TI. Assim, a direção do alinhamento foi de negócio para TI. Com a evolução da Internet nestes últimos cinco anos, a direção do alinhamento foi promovida ao contrário – da TI para o negócio. Os dirigentes perceberam que o produto Internet Banking, baseado totalmente em TI, poderia ser um novo formato estratégico de negócio que disponibilizaria novas linhas de produtos para atender a determinados perfis de clientes, ou seja, produtos de massa vendidos de forma personalizada.

Durante as observações realizadas nas organizações participantes dos estudos de caso, a orientação do alinhamento confirmou várias direções: ambiente externo mundial redirecionando a visão corporativa de gestão e novas TIs redirecionando novas estratégias mercadológicas, entre outras. No entanto, em nenhuma organização estudada houve transformação total do negócio devido às novas TIs disponibilizadas. Porém, podemos dizer que a TI tem promovido uma transformação radical nos processos de trabalho e de gestão, principalmente com a utilização de sistemas integrados de gestão.

Outros aspectos conceituais importantes incorporados ao modelo proposto estão relacionados aos estudos sobre implementabilidade dos itens especificados nos planos – etapa de implementação do processo de planejamento. Deles foram trazidos elementos que contemplam os aspectos metodológicos que possam contribuir para a promoção do alinhamento durante o processo de planejamento como um todo (Lederer e Sethi, 1996) e a instrumentação da gestão do processo de planejamento ao longo do seu horizonte (Kaplan e Norton, 1997).

Elementos críticos incorporados ao modelo

Importantes contribuições foram agregadas ao modelo original de alinhamento estratégico, oriundas dos estudos de casos analisados em pesquisas anteriores. Na maior parte das organizações (setor industrial), o estágio de alinhamento ainda é o de integração funcional, em nível operacional. Observa-se que, através da implementação dos SIIs, essas organizações melhoram a integração entre os processos, as pessoas e suas funções, seguida de uma infra-estrutura de rede requerida para suporte desse novo ambiente de gestão.

No entanto, o processo de planejamento ainda é mantido de forma fragmentada, ou seja, o CIO tem participação moderada ou nula no contexto estratégico de redirecionamento do negócio. O estágio de integração total entre os planos pode ser observado apenas em estratégias e objetivos de longo prazo em algumas situações, principalmente em empresas multinacionais que já estão acostumadas com o processo de planejamento e já compreenderam a importância da TI como alavancadora de novos negócios e de novos mercados.

Para a maioria das organizações, a integração total ocorreu ou ocorre para determinados projetos estratégicos especificados nos planos, tais como projetos que objetivam a reorganização ou reestruturação organizacional pela redefinição das regras de negócio, do formato de gestão (fragmentado > integrado) e, conseqüentemente, do redesenho do novo modelo de negócio para ser utilizado com base em um SII. Tal integração mostra uma direção de alinhamento da TI como suporte às operações integradas do negócio que objetiva atender às estratégias básicas de redução de custos, aumento de faturamento, eficiência e produtividade.

Com relação ao direcionamento do alinhamento (quem promove, a área de negócio ou a área de TI), em grande parte das organizações industriais, a direção é resultante da área de negócios, promovida do ambiente externo para o interno – alterações dos mercados e de políticas governamentais, fusões e aquisições forçando alterações dos processos e formato de gestão pela TI. Provavelmente, essa é uma característica especial das empresas do setor industrial, nas quais a gestão é mais operacional, isto é, voltada para o ambiente organizacional interno (excelência de processos, de produto e gestão econômico-financeira).

Contudo, uma das principais contribuições resultantes de pesquisa realizada pelos autores foi a constatação da presença de promoção de alinhamento para as etapas de formulação e de implementação do processo de planejamento. As empresas estudadas mostraram-se preocupadas em implementar as metas de negócio e de TI traçadas no planejamento estratégico e em ajustá-las com determinada freqüência. Isso levou a confirmar o eixo Z do modelo proposto na Figura 8.1 – a incorporação das etapas do processo de planejamento aos modelos conceituais de base.

É importante destacar alguns dos elementos genéricos de alinhamento encontrados nesta pesquisa, principalmente para a etapa de implementação, considerados críticos para a abordagem do modelo de operacionalização do alinhamento. São eles:

Promoção do alinhamento contínuo durante todo processo de planejamento estratégico

O seqüenciamento do processo de planejamento estratégico deve ser respeitado na promoção do alinhamento, incluindo a etapa de implementação. Isso foi verificado com base em elementos de alinhamento elencados nos estudos de implementabilidade dos planos e de metodologias de implementação de planos estratégicos. Nesta etapa, o alinhamento é promovido a partir de um plano de ação detalhado que contenha a especificação (projetos lógicos) dos objetivos informacionais estabelecidos, de sua execução e monitoramento.

Visão integrada da organização, do negócio, das operações e das informações

Os sistemas de gestão integrada (SIIs) podem ser qualificados como altamente representativos dos elementos teóricos de base – integração funcional (Henderson e Venkatraman, 1993) e consistência entre os objetivos de negócio e TI (Zviran, 1990; Reich, 1992). Essa relação foi percebida com base nas variáveis que medem as capacidades da TI para atender e representar o modelo de negócio e de gestão das organizações estudadas, pelo alinhamento entre infra-estrutura, processos e pessoas. O uso dessa TI permite atender às necessidades informacionais de forma coesa e consistente, elevando a visão do relacionamento das funções organizacionais e, conseqüentemente, a compreensão dos objetivos corporativos.

Participação e comprometimento dos gerentes de negócio e de TI

Reuniões freqüentes, informação sobre o andamento do processo de planejamento, envolvimento participativo dos membros da organização e uma política de incentivos aumentam o comprometimento dos altos executivos durante a etapa de implementação, garantindo maior atendimento dos itens planejados durante a etapa de formulação.

Sincronização dos recursos

A existência de um plano de ação detalhado e de um cronograma com a priorização dos projetos e alocação e distribuição dos recursos por projeto influiu significativamente para uma eficiente sincronização de recursos e para o seqüenciamento do processo e a manutenção do foco em todo o horizonte de planejamento.

Instrumentação da gestão

O alinhamento contínuo entre os ciclos de planejamento é promovido pela adoção de instrumentos de gestão, suportados por ferramentas de TI que permitam gerenciar e monitorar o atendimento dos itens planejados durante o horizonte de planejamento. Eles garantem uma base uniforme de gestão e o atendimento dos objetivos organizacionais, mantendo o foco nas estratégias corporativas estabelecidas. Isso nos remete aos estudos de Kaplan e Norton (1997) sobre medidas de desempenho organizacionais que utilizam a ferramenta chamada painel de controle integrado. O princípio básico dessa ferramenta é promover um balanceamento entre os objetivos de longo e curto prazo usando parâmetros compartilháveis, quantificáveis e monitoráveis, promovendo e incentivando a coerência e a integração da empresa em torno de um foco comum.

Política de incentivos e de cobrança de resultados

A existência de uma política de incentivos e de cobrança de resultados por metas individuais propicia maior comprometimento das pessoas envolvidas com as metas por objetivo planejado, permitindo o cumprimento dos mesmos ao final do horizonte de planejamento.

Metodologia de condução da implementação dos itens planejados

O fato de existir uma metodologia formal para cada uma das fases do processo de planejamento contribuiu para o sucesso do processo como um todo, bem como para a maior intensidade de promoção do alinhamento. Documentação, comunicação formal, reuniões freqüentes e instrumentos de gestão que permitam controlar as metas e os objetivos em nível operacional sem perder o foco dos objetivos de longo prazo são importantes para a promoção do alinhamento contínuo.

Vale destacar outros elementos representativos para o desenho do modelo, embora menos críticos, conforme resultados de pesquisas anteriores. Na maioria dos casos, esses elementos apresentaram divergências entre teoria e prática e entre as diversas empresas observadas, o que chama a atenção para sua provável importância na promoção do alinhamento. São eles:

- Um ambiente de mudança radical de cultura foi encontrado em períodos de fusões corporativas, de transição de gestão, de reestruturação do negócio e de instabilidade geral, entre outros. Ainda assim, a preocupação em manter a promoção do alinhamento deve permanecer focada na condução e gerenciamento do processo de mudança.
- Maior resistência a mudanças, baixo desempenho tanto em produtividade quanto em rentabilidade e inexistência de plano de incentivos são elementos importantes a considerar e atacar para o aumento da intensidade do alinhamento.

Por fim, uma característica essencial para o modelo de alinhamento proposto é a mudança percebida no horizonte de planejamento. Empresas mais alinhadas estão promovendo o planejamento anual, apesar de possuírem uma visão mais de longo prazo, determinada para cinco anos. Isso vem ao encontro dos estudos de Sambamurthy et al. (1994) de abordagem incremental para o processo de planejamento estratégico, em que os planos individuais devem ser integrados no contexto de um plano corporativo mais expansivo, reduzindo a abrangência do controle do processo. Em ambientes mais complexos, por outro lado, os planejamentos são particionados por regiões (países ou continentes), com os principais projetos identificados por áreas de negócio da região, o que permite concentrar os esforços nos mesmos. Periodicamente, promovem-se reuniões para integração dos projetos ao planejamento corporativo central, mantendo o foco de longo prazo.

O modelo de alinhamento proposto parte dos princípios discutidos acima, observando-se que o alinhamento ocorre em diversos momentos e, conseqüentemente, os cenários vão se modificando. Daí, a necessidade de promoção de ajustes nos itens e entre os itens planejados. Sob essa interpretação, a etapa de formulação pode ser considerada como promoção de alinhamento estático, isto é, existe um cenário congelado no tempo em que são elencados itens do que se pretende realizar para um determinado horizonte. No entanto, nada garante que eles sejam executados.

A etapa de implementação pode ser considerada como promotora de alinhamento dinâmico, pois os itens planejados vão sendo alterados à medida que ocorre o seu deslocamento para um cenário futuro. Como a distância no tempo entre a formulação e a realização total das metas planejadas é grande, os cenários vão sendo modificados, e a promoção do ajuste entre ambos segue executada continuamente. Assim, o dinamismo do alinhamento nesta etapa é encontrado no movimento dos itens planejados do presente para o futuro e na revisão e ajuste contínuo desses itens.

Diversos pesquisadores têm utilizado diferentes abordagens para identificar esse dinamismo de promoção de alinhamento dentro do processo de planejamento. Em uma pesquisa posterior, Venkatraman (1997) explica que o alinhamento deve ser promovido de forma contínua, ampliando o seu modelo inicial; McLean e Soden (1977) referem-se a esse dinamismo do processo de planejamento como uma interatividade entre as etapas de formulação, em que os itens foram planejados, e de implementação, em que os itens estão efetivamente sendo executados, passíveis de alteração; e Reponen (1998) refere-se a esse dinamismo como uma abordagem evolutiva do processo de planejamento, isto é, os itens projetados são modificados e evoluem à medida que vão sendo implementados.

O modelo também leva em conta os elementos críticos convergentes e divergentes encontrados na teoria e nas experiências vivenciadas pelos autores; além disso, incorpora a continuidade e o dinamismo do processo de planejamento pela etapa de implementação e pela instrumentação da gestão do processo de implementação. Isso reforça os aspectos metodológicos, a sincronização dos recursos e o comprometimento dos envolvidos no processo como um todo.

O MODELO OPERACIONAL DE ALINHAMENTO ESTRATÉGICO

O modelo operacional de alinhamento estratégico (MOAE) entre os planos de negócio e de TI, apresentado na Figura 8.1, segue a concepção básica do modelo de Henderson e Venkatraman (1993) e incorpora novos conhecimentos originados em estudos de metodologias de implementação de planos estratégicos. As diferenças entre este modelo e os demais modelos teóricos encontra-se na reinterpretação de alguns elementos e acréscimo de novos elementos essenciais para a promoção de alinhamento estratégico contínuo e dinâmico. Eles também diferem no acréscimo de uma dimensão (tempo) e no reconhecimento da ocorrência de alinhamento para duas etapas do processo de planejamento – formulação e implementação – não excludentes, que ocorrem seqüencial e continuamente.

Para isso, o modelo é representado numa visão espacial, com um plano de frente representando a promoção do alinhamento "estático", durante a etapa de formulação do processo de planejamento estratégico, e vários planos de fundo, representando a promoção do alinhamento "dinâmico" durante os vários estágios da etapa de implementação do processo de planejamento estratégico. O dinamismo do alinhamento é representado pelo eixo Z – tempo – e pelos vários estágios da etapa de implementação.

O modelo pode ser interpretado como um cubo formado pelo ciclo de cada processo de planejamento (n ciclos), que representa a continuidade da promoção do alinhamento, expresso por:

- alinhamento circular (no plano) entre objetivos e estratégias de negócio e de TI, indicando que o redirecionamento de alinhamento pode ser feito por ambos, a qualquer instante;
- alinhamento cíclico e crescente no tempo e no espaço, indicando o movimento dos itens planejados do estado presente para o estado futuro, implementando-se a visão básica de processo em movimento proposta por Boar (1994).

MODELO DE OPERACIONALIZAÇÃO DO ALINHAMENTO ESTRATÉGICO (MOAE)

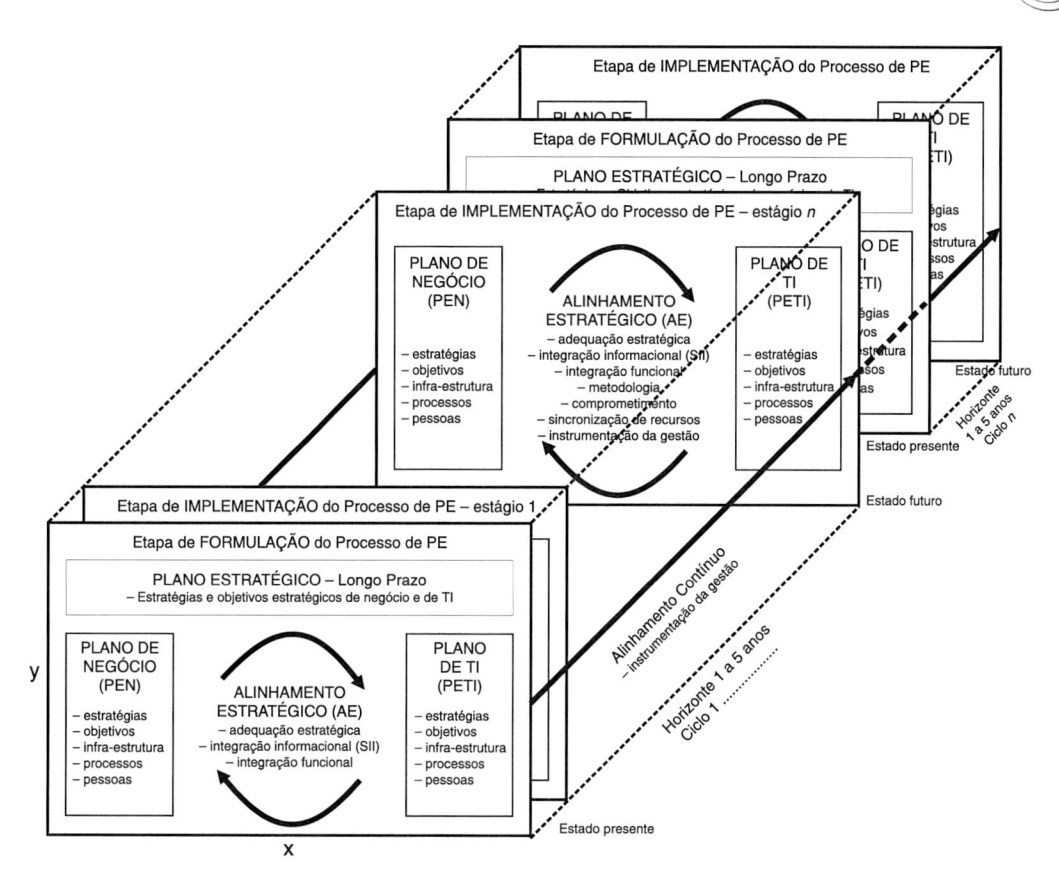

Figura 8.1 Modelo operacional do alinhamento estratégico (MOAE).
Fonte: Brodbeck, 2001.

A linearidade do processo de alinhamento apresenta forte dependência de dois elementos de alinhamento da etapa de implementação definida no modelo: o seqüenciamento do processo de planejamento e a instrumentação da gestão para monitoramento da execução dos objetivos planejados, elementos essenciais de alinhamento integrantes do modelo. Por sua vez, a instrumentação correta depende do modelo e da estruturação de controle elaborada para os itens definidos nos planos, o que permite a sincronização entre os recursos (sintonia fina).

Esse sincronismo deve ser obtido em decorrência de reuniões de avaliação contínuas. Nelas, deve haver a promoção do ajuste das estratégias e dos objetivos planejados enquanto executados e o conseqüente diagnóstico de necessidades para o próximo período de planejamento. A idéia desses estágios intermediários da etapa de implementação é compatível com os conceitos definidos para a etapa de avaliação do modelo de PESI de King (1988).

Portanto, podemos facilmente associar essa linearidade e continuidade do processo de alinhamento às metodologias de implementação que permitam a criação de estruturas comuns de referência (padronização), assim como às questões relacionadas com a implementabilidade e a consistência dos objetivos planejados, abordadas por Gottschalk e Lederer (1997).

O modelo indica também que poderão ser definidas metas fixas e variáveis, representando elementos estáticos e dinâmicos do processo. As metas fixas serão aquelas propostas no início do período de planejamento com as proposições de alcance ao final do horizonte de planejamento. As metas variáveis são as que vão sendo alteradas dinamicamente, à medida que o processo for sendo executado e algum redirecionamento estratégico realizado. Por exemplo, pode-se estabelecer como um dos objetivos estratégicos a redução de custos de 30% para todo o horizonte de planejamento. No entanto, antes do período final, a meta é atingida. Automaticamente, esse padrão fixado para a meta final é alterado para obtenção de maior redução de custos.

De forma similar ao modelo PESI-AO (Capítulo 7), o MOAE propõe que os planos que contenham estratégias de negócio e objetivos organizacionais para um horizonte de cinco anos tenham seus objetivos operacionais e estratégias de ação subdivididos para curto prazo (um ano), garantindo um ajuste mais apurado entre as partes e em relação ao todo. Assim, propõe-se que o planejamento de longo prazo contemple o estágio de alinhamento integral (Teo, 1994), isto é, um plano único em que a TI esteja incorporada como uma estratégia de base subdividida em projetos estratégicos. Nos planos de ação anuais, esses projetos passam a ter seus recursos distribuídos pelas áreas de negócio, conforme o atendimento às suas necessidades.

Como temos afirmado ao longo de todos os capítulos referentes ao alinhamento estratégico, a abrangência da pesquisa que originou este modelo não propôs medir o impacto do alinhamento na *performance* organizacional. No entanto, um comentário não pode deixar de ser feito: a sincronização dos recursos dos itens planejados com base em uma instrumentação da gestão de execução do processo de planejamento (um dos elementos de alinhamento do modelo), proporcionará maiores e melhores resultados para a organização, permitindo um monitoramento contínuo e eficiente desses recursos. Tal instrumentação permite traçar uma linha representativa do desempenho desejado para o alcance do objetivo.

No decorrer da implementação das metas, elas vão sendo comparadas com esta linha-padrão esperada. Informações representativas do modelo de gestão estratégico, fornecidas pelo SII e por outros sistemas estratégicos, devem permitir o ajuste permanente das metas executadas em relação ao padrão estabelecido, favorecendo o seu cumprimento integral. Entende-se que, se isso ocorrer, causará um impacto positivo na *performance* geral da organização.

A título de ilustração, imaginemos que um dos objetivos genéricos citados por Zviran (1990) – redução de custos – tenha sido estabelecido em 30% como meta organizacional corporativa ao longo do horizonte de planejamento. Pelo modelo operacional de alinhamento, essa meta deverá ser distribuída pelas subsidiárias regionais, pelas áreas de cada subsidiária e pelos ciclos de curto prazo do período de planejamento (um ano). Se essa meta for acompanhada constantemente e reajustada, é possível assegurar o seu cumprimento completo ao final do período. Isso garantirá maior eficiência organizacional e, conseqüentemente, influirá no acréscimo de *performance* da corporação como um todo. No entanto, se não houver um monitoramento constante e exato sobre os valores particionados de cada responsável, ocorrerão muito facilmente desvios ao longo do processo, que impedirão o cumprimento da meta e, em decorrência, reduzirão a *performance* final da organização.

Resumindo, o alinhamento estratégico faz parte do processo de planejamento estratégico em todas as suas etapas. Sendo assim, o MOAE compreende vários elementos que auxiliam a promoção do alinhamento estratégico durante o processo como um todo. Os elementos associados ao modelo de planejamento estratégico adotado são representados pelos componentes dos planos de negócio e de TI traduzidos pelos objetivos e metas, etapas de formulação e implementação e horizonte de planejamento, alguns já mencionados antes. Os elementos de contexto organizacional, embora não visíveis no modelo, permitem identificar o ambiente mais propício para a promoção do alinhamento pelas organizações.

Os elementos da etapa de formulação do processo de planejamento estratégico são formados (a) pela adequação estratégica entre os objetivos de negócio e de TI; (b) pela integração funcional entre infra-estrutura, processos e pessoas de TI para suporte dos objetivos de negócio; e (c) pela integração informacional entre as informações do SII e os objetivos organizacionais, permitindo o controle do atingimento das metas estabelecidas para cada um deles. Por último, os elementos da etapa de implementação do processo de planejamento estratégico, além de assumirem os elementos da etapa anterior, agregam os seguintes: metodologia, comprometimento, sincronização de recursos e instrumentação da gestão. Esses elementos são descritos a seguir.

ELEMENTOS DE ALINHAMENTO ESTRATÉGICO

Nesta seção, discutiremos especificamente os elementos de alinhamento estratégico importantes e essenciais para a promoção do alinhamento durante todo o processo de planejamento estratégico, incluindo as etapas de formulação e implementação.

Alguns elementos de alinhamento elencados no Capítulo 6 não aparecem explicitamente no modelo, tais como os aspectos humanos do alinhamento que encontram-se implícitos no modelo como o elemento "comprometimento" para a etapa de implementação; os elementos de contexto organizacional considerados facilitadores do processo, não apenas nesta abordagem do modelo, como também em modelos resultantes de pesquisas anteriores; e alguns elementos do modelo de planejamento estratégico adotado que poderão variar conforme o ambiente e a cultura organizacionais – estruturas dos planos de ação e do conjunto informacional para gestão, as quais podem existir em maior ou menor detalhamento.

É importante destacar que, nos elementos de alinhamento da etapa de formulação (plano de frente do modelo da Figura 8.1) do modelo original de Henderson e Venkatraman (1993), foi inserido um terceiro elemento de alinhamento. Esse elemento, originado dos estudos de Zviran (1990) e de Reich (1992) sobre consistência entre os objetivos de negócio e de TI, é chamado de "integração informacional". Ele representa a relação entre as estratégias genéricas das organizações com o fornecimento de informações oriundas dos sistemas, que permitam o controle freqüente das mesmas e do andamento do negócio em níveis táticos e operacionais.

Além disso, os elementos de alinhamento da etapa de formulação permanecem para os diversos estágios da etapa de implementação. Assim, a cada estágio de execução, os itens planejados de negócio e os correspondentes de TI devem ser monitorados e revisados. Assim, será possível o ajuste contínuo de suas metas por reuniões de avaliação do planejamento. Esses procedimentos evidenciam a dependência da promoção do alinhamento quanto à metodologia de implementação utilizada.

Elementos de alinhamento relacionados ao contexto organizacional

Os elementos de alinhamento estratégico relacionados ao contexto organizacional representam o ambiente de planejamento favorável para a promoção do alinhamento. Isso se dá com base em variáveis que permitam identificar uma clara definição e identificação do negócio (porte, número de empregados, faturamento e investimentos anual, estratégias e custo operacional do negócio), a cultura organizacional e a postura dos dirigentes (atitude perante mudanças, política de incentivos, produtividade), a estrutura organizacional (tipologia organizacional e da TI, convergência entre as tipologias, foco da TI, atendimento e satisfação do usuário com a TI) e o posicionamento da organização frente ao ambiente externo (estabilidade da organização, proatividade, agressividade, crescimento do mercado, competitividade).

A observação e a análise de estudos de caso pelos autores permitiram encontrar um elenco específico de variáveis, dentre as listadas acima, que mostraram ser mais significativas para a promoção de alinhamento durante o processo de planejamento em suas duas etapas de formulação e implementação.

Cultura única de gestão

Para que uma organização passe a promover o alinhamento com maior intensidade, é importante uma cultura organizacional estabelecida, aqui entendida como o modelo de gestão da empresa, ou seja, uma gestão de informações corporativa, integrada e compartilhada, com autonomia de decisões nas pontas e manutenção do foco corporativo. Uma cultura única de gestão para todas as subsidiárias é requerida. O entendimento e o envolvimento dos integrantes da corporação com essa cultura dependem da postura dos dirigentes de topo com relação ao processo de planejamento e de gestão corporativa. Acrescenta-se a isso que uma gestão aberta e transparente reduz a resistência a mudanças.

Patrocínio do(s) projeto(s)

O patrocínio pelos executivos de topo dos projetos de TI, assim como o uso compartilhado da mesma (*e-mail, groupware, intranet* com modelo de gestão), pode facilitar a comunicação entre as partes. Isso eleva a importância dada à TI pelos executivos de negócio e aproxima-os dos executivos desta área. Além disto, essa postura propicia aos executivos um maior conhecimento dos objetivos organizacionais, facilitando a operacionalização dos mesmos e mantendo o foco no todo. A aceitação de auxílio de consultores externos pode ser benéfica para incorporar novas tecnologias e melhorar a intensidade da promoção do alinhamento.

Política de incentivos e cobrança de resultados

Vale destacar a política de incentivos e de cobrança de resultados individuais e coletivos (por área, região, país) como um fator cultural de extrema importância para a promoção do alinhamento. Essa política propicia o maior comprometimento dos executivos com os projetos e metas estabelecidos, garantindo a sua implementação. Em conseqüência, pode assegurar o atingimento integral dos itens planejados ao final do horizonte de planejamento.

Sistemas de Informação Integrados (SII ou ERP)

Outro elemento de contexto organizacional relevante é a convergência entre as tipologias do negócio e de TI. A modelagem das regras do negócio dentro do SII, de forma clara e refletindo a estrutura funcional da organização, permite a promoção do alinhamento interno entre infra-estrutura, processos e pessoas, melhorando a compreensão da operação do negócio e de seu gerenciamento. A infra-estrutura de módulos de negócio distribuídos em rede (infra-estrutura natural dos SII) diminui as distâncias entre os executivos de topo e de base e entre os executivos de negócio e de TI. Essa aproximação proporciona fluidez e clareza aos ajustes que forem necessários às regras de negócio para atendimento dos objetivos organizacionais. Os fluxos de trabalho desenhados dentro do SII permitem a integridade e consistência das operações do negócio de ponta a ponta, reduzindo o erro nas informações e o risco de decisões distorcidas e, conseqüentemente, melhorando o desempenho organizacional.

Proatividade

Finalmente, uma postura proativa frente à concorrência pode refletir-se em uma promoção de alinhamento mais intensa. Isso é possível se o modelo de gestão representado no SII contiver informações externas, de mercado, mantidas constantemente atualizadas. Isso permitirá que os executivos de topo promovam um constante ajuste entre as metas estabelecidas e as variações ocorridas no ambiente externo. O foco dos executivos não deve estar apenas nos mercados tradicionais e oportunidades que um novo mercado possa oferecer, mas também nos passos da concorrência, projetando os seus passos futuros. Para tanto, o alinhamento deve ser promovido pela TI, utilizando conceitos de *datawarehouse* combinados com ferramentas de análise multidimensional, projetadas para tratar informações internas e externas, e suportando de forma eficiente tomadas de decisão. É importante salientar que essas ferramentas podem estar contidas no SII.

Datawarehouse é um banco de dados consolidado, derivado dos bancos de dados operacionais da empresa, que organiza os dados corporativos de forma a dar subsídio à tomada de decisão nos níveis operacional, gerencial e estratégico.

O uso de um *datamart* foi descartado devido a seu foco informacional muito especializado, ao contrário do *datawarehouse*, que apresenta maior abrangência e integrabilidade com relação aos modelos informacionais que o modelo quer expressar.

Com relação ao demais elementos de contexto organizacional listados em outras pesquisas, observou-se o seguinte:

- Quanto ao porte, ao faturamento, ao volume de investimento, ao número de empregados, ao custo operacional do negócio e à produtividade, percebe-se que empresas maiores, principalmente multinacionais, mais estabilizadas e mais bem estruturadas, tendem a utilizar de forma melhor as práticas modernas de gestão, nas quais o alinhamento estratégico se encaixa.
- Quanto à competitividade, às estratégias de negócio mais agressivas e ao crescimento do mercado com relação à concorrência, percebe-se que empresas com essas variáveis em ascendência encontram-se mais alinhadas com as novas tecnologias e novas técnicas de gestão. No entanto, outras variáveis ambientais podem afetar esses resultados. Assim, apesar da importância dessas variáveis, elas mantêm um foco estreito na *performance* organizacional, não sendo objeto de estudo para o desenvolvimento do MOAE. No entanto, essas variáveis foram consideradas como pressupostos para a ocorrência de promoção de alinhamento em maior intensidade.

Elementos de alinhamento relacionados ao modelo de planejamento estratégico

Os elementos de alinhamento relacionados ao modelo de planejamento estratégico presentes no MOAE (Figura 8.1) são representados pelos componentes dos planos de negócio e de TI traduzidos pelos objetivos de negócio, pelas metas a atingir, pelas etapas de formulação e implementação do processo e pelo horizonte de planejamento. Os elementos de infra-estrutura, processos e suporte são representados dentro dos planos como necessidades para execução de cada item planejado. Para cada item contemplado, deverá existir suporte tecnológico para o processo e para as pessoas. Essa integração deve ser realizada pelos SII. Algumas variáveis específicas, descritas a seguir, podem contribuir para a promoção de um alinhamento de maior intensidade durante o processo de planejamento.

Formalização dos planos de negócio e de TI

A existência de documentos formais de planos, contendo as estratégias e os objetivos organizacionais de longo prazo, permite a definição e a identificação do negócio por todo gerenciamento de topo, o que facilita a promoção do alinhamento. A estruturação em cascata desses planos, com objetivos de longo prazo subdivididos em projetos de prazo mais curto, viabiliza o monitoramento pontual de cada meta estabelecida.

Dentro dos contextos organizacionais estudados, foi mostrada a importância de planos bem estruturados e documentados de forma clara e com a definição de todos os itens – estratégias, objetivos, fatores críticos de sucesso e metas de longo prazo. Tais procedimentos permitem observar a direção do negócio (crescimento, sobrevivência, etc.), dependendo disso a maior compreensão das metas organizacionais por todos os envolvidos no processo de planejamento.

Estruturação dos planos de negócio e de TI

O MOAE parte do princípio de que o processo de planejamento abrange vários níveis da organização. O nível corporativo deve fazer constar itens nos planos para longo prazo (cinco anos ou mais), considerando a TI como uma das estratégias genéricas do negócio similar às estratégias de aumento de faturamento, redução de custos, produtividade, etc.

O segundo nível deverá abranger as especificações das unidades, sejam elas tratadas como subsidiárias, divisões, filiais, área departamentais, dependendo do tipo e porte da organização. Os itens corporativos de longo prazo deverão ser rateados entre as unidades, tomando-se o cuidado de não perder o foco corporativo. Neste nível, o modelo sugere que seja feita uma separação entre os itens de negócio e os itens de TI, permitindo uma melhor definição das ações e controles da implementação dos mesmos.

O modelo sugere que, para cada objetivo estratégico, sejam definidos objetivos de nível gerencial-operacional com metas de curto prazo (até um ano), visando a aprimorar a sincronização entre eles e entre as áreas, durante a sua execução. Com isso, o horizonte de planejamento passa a ser monitorado em blocos de tempo menores. Isso melhora o acompanhamento das atividades e, conseqüentemente, aumenta a intensidade do alinhamento, devido ao ajuste mais efetivo e rápido das metas executadas.

Vale destacar novamente o que se entende por itens planejados: objetivos estratégicos em nível corporativo e objetivos secundários. Os últimos, chamados de gerenciais-operacionais, deverão ser desmembrados em pequenas partes do objetivo estratégico. Observando a Tabela 8.1, percebe-se que os objetivos gerenciais-operacionais e suas metas são parte do objetivo estratégico de nível corporativo. Portanto, se cada uma das pequenas partes forem cumpridas, o objetivo estratégico será alcançado.

Tabela 8.1 Exemplo de itens planejados

Objetivos Estratégicos	Objetivos Gerenciais-Operacionais	Metas	Tempo
Nível Corporativo	Expandir o mercado de atuação (tomando fatias da concorrência)	30%	dois anos
Nível Unidades	– Fazer promoções semanais por linha de produto similar da concorrência	15%	sete dias
	– Aumentar número de pontos de distribuição	15%	seis meses

Dessa forma, para atender a alguns requisitos propostos pelo MOAE na etapa de implementação, sugere-se a seguinte reestruturação e categorização dos objetivos do plano estratégico de longo prazo:

Objetivos estratégicos = projetos estratégicos

Exemplo: Projeto *e-business* (mercado e produto), Projeto do SII (mudança de gestão, cultural), Programa de Qualidade.

- *Definição e Controles*
  Contendo as metas (qualitativas e quantitativas) e os critérios de avaliação de longo prazo por negócio, divisão, etc., considerando os projetos corporativos de TI integrados ao negócio.
- *Plano de Ação dos Projetos*
  Contendo as responsabilidades (áreas envolvidas) e os recursos (financeiros e de tempo). As metas devem ser definidas para curtos períodos (diários, semanais, mensais), coincidindo com os recursos estabelecidos.

Objetivos gerenciais-operacionais = projetos permanentes de TI
por área ou programas de acompanhamento do negócio

Exemplo 1: Projeto da Rede para o Departamento de Custos (infra-estrutura), Projeto de Integração dos Custos Industriais (processos), Programa de Treinamento do Módulo de Estoques (pessoas), Programa de Auxílio-Habitação para os Funcionários.

Exemplo 2: Programa de Redução dos Custos Operacionais da Linha de Produto Alfa, Aumento de Faturamento na Região Sul.

- *Definição e Controles*
  Contendo metas anuais (qualitativas e quantitativas) para cada objetivo estratégico, desmembrando os projetos de TI para atendimento do negócio por áreas.
- *Plano de Ação dos Projetos*
  Contendo as responsabilidades (áreas envolvidas) e os recursos (financeiros e de tempo). As metas devem ser definidas para curtos períodos (diários, semanais, mensais), coincidindo com os recursos estabelecidos.

A proposição de que os objetivos sejam vistos como projetos estratégicos ou permanentes visa a facilitar a modelagem do conjunto informacional que permitirá a instrumentação da gestão da execução do processo de planejamento, considerada uma ferramenta de suporte da TI ao negócio viabilizadora da promoção de alinhamento contínuo. A proposição busca também facilitar a quantificação das metas durante a etapa de formulação, permitindo o monitoramento contínuo do atingimento dos itens planejados durante a etapa de implementação.

Elementos de alinhamento para a etapa de formulação

Os elementos de alinhamento do MOAE para a etapa de formulação do processo de planejamento encontram-se ilustrados no plano de frente da Figura 8.1. São eles: adequação estratégica entre os itens ou componentes dos planos de negócio e de TI (atendimento dos objetivos de negócio pelos recursos da TI); integração funcional entre pessoal, processos e infra-estrutura, representada pelo modelo de negócio desenhado no SII; e integração informacional entre os objetivos de negócio e os dados fornecidos pelos diversos níveis de informação gerados pelo SII – estes devem monitorar o atingimento das metas estabelecidas para esses objetivos (integridade e representatividade do modelo informacional oferecido para a gestão do negócio).

Adequação estratégica

A adequação estratégica entre as estratégias e os objetivos de negócio e as estratégias e os objetivos de TI depende da *metodologia* utilizada no processo de planejamento estratégico, da *estruturação* dos objetivos descritos nos planos e do *detalhamento* das atividades e metas de cada objetivo. Outro aspecto importante é a *participação* dos executivos de ambas as áreas (negócio e de TI) em todas as fases dessa etapa do processo.

Para melhorar a promoção do alinhamento, a metodologia do processo de definição dos itens do planejamento para esta etapa deve incluir uma série de *reuniões*, cuja pauta apresente a lista de necessidades futuras de cada área ou divisão do negócio. Em um primeiro bloco de reuniões, os itens corporativos ou projetos estratégicos de longo prazo devem ser contemplados sem separações entre as áreas. Isso possibilitará a adequação estratégica ou o alinhamento total entre negócio e TI, não importando a direção atribuída ao alinhamento.

Em um segundo bloco de reuniões, os executivos devem estruturar os objetivos a partir das áreas, buscando outros níveis de objetivos – gerencial e operacional. Quanto mais baixo for o nível, melhor será a quantificação em metas dos mesmos. Além das metas, devem ser especificados recursos e prazos para o atingimento dos objetivos de área e dos objetivos corporativos dentro do horizonte de planejamento trabalhado.

E, em um terceiro bloco de reuniões, os objetivos deverão ser descritos com base em projetos estratégicos desmembrados em projetos por áreas de negócio (objetivos gerenciais-operacionais). Deve-se, aí, identificar os projetos permanentes de TI necessários para o suporte à operação dos negócios planejados.

Para esse processo como um todo, é requerida a participação ativa dos CEOs nas definições de TI necessárias para suporte do negócio, como também a participação ativa dos CIOs na elaboração de novos negócios, identificando onde a TI proporcionará valor agregado ao negócio. O gerenciamento de topo deve estar educado para entender a importância da TI para os negócios, principalmente com relação à gestão integrada e padronizada dos recursos organizacionais.

Consistência dos objetivos – integração informacional

Nos momentos finais da etapa de formulação do processo de planejamento estratégico, deverão ser elaborados planos de ação de cada projeto. Esses planos especificarão as metas e os critérios de avaliação separados em curtos espaços de tempo, mas se manterão dentro das especificações de longo prazo.

Os projetos de TI e de negócio deverão ter todos os recursos necessários (responsabilidades, tempo e investimentos) sincronizados para a gestão de sua execução. O elenco de itens de cada projeto, por sua vez, deve ser representado dentro de ferramentas de TI (SII, *datawarehouse*, planilhas orçamentárias, etc.). Isso se dá pela especificação do conjunto de informações a serem fornecidas pelos sistemas para o controle e pelo acompanhamento do movimento dos objetivos planejados do estado atual para o estado futuro, instrumentando o processo de gestão da execução dos mesmos.

Além disso, poderão existir objetivos especificados no plano de longo prazo que não são contemplados pela visão de projetos. Assim, além dos projetos estratégicos e permanentes de TI que deverão ser controlados compartilhadamente pelos gestores de projeto das áreas de negócio e de TI, deverá existir uma instrumentação que permita o controle da evolução de determinadas estratégias e políticas isoladas de caráter mais operacional. Isso permitirá contemplar o elemento de alinhamento "integração informacional", que busca manter a consistência entre os objetivos estratégicos básicos do negócio e os objetivos de TI, representados pelo conjunto de informações fornecidas pelo SII, e que permite a análise e o acompanhamento individual de cada objetivo de negócio.

Integração funcional e informacional dependente dos SII

Por último, o modelo propõe que a promoção do alinhamento através de integração funcional seja realizada pelos SIIs, possibilitando o ajuste automático da camada interna representativa da operação do negócio (infra-estrutura, processos e pessoal). O ajuste do modelo de negócio para atender aos novos objetivos e estratégias a cada horizonte de planejamento deve partir das necessidades específicas de TI de cada área. Assim, a representatividade do modelo de negócio encapsulado dentro do SII permite a gestão alinhada de seus recursos operacionais que, integrados aos projetos do planejamento, permitem a gestão integrada do negócio.

O modelo deve contemplar todas as funções e os processos da empresa, assim como o fluxo das operações entre as áreas. Desta forma, o conhecimento das microoperações, muitas vezes reduzido a uma pessoa, passa a ser da organização, permitindo total controle sobre elas. Outro fator importante está relacionado às bases de dados operacionais. Utilizando a tecnologia de SII, os dados passam a ser centralizados e compartilhados entre as várias unidades da organização. Isso melhora a integridade e a consistência das informações geradas pelo sistema e, conseqüentemente, o monitoramento das atividades em execução do planejamento.

Resumindo, para esta etapa, o alinhamento estratégico deve ser promovido em dois estágios: de integração total, durante a definição dos projetos estratégicos, considerando a TI como uma estratégia ou objetivo estratégico corporativo; e de integração recíproca, durante a definição dos projetos permanentes, sincronizando as necessidades de TI por área.

Neste último estágio, é importante o detalhamento completo das atividades de cada projeto, assim como das áreas e recursos envolvidos. O modelo pressupõe que a estrutura detalhada desses projetos esteja encapsulada diretamente em um instrumento de gestão (SII ou *datawarehouse*), e isso viabiliza o monitoramento da execução das metas planejadas durante a etapa de implementação do processo de planejamento. O objetivo é formalizar essa gestão por uma base uniforme de controle dos resultados que permita a execução gradual e incremental dos itens planejados, coerente com a visão de negócio estabelecida para longo prazo.

O elemento "integração informacional" relaciona-se com os elementos do modelo original da seguinte forma: para o elemento "adequação estratégica entre PEN e PETI", a relação encontra-se na lista de informações necessárias para o monitoramento das estratégias básicas de negócio e, para o elemento "integração funcional", a relação encontra-se no modelo gerencial do negócio incorporado no SII, integrando a estrutura operacional de controle da organização. Esse elemento emergiu da lista de requisitos de informações oriundas das áreas de negócios, inserido nos planos de TI, referentes a alterações e complementações dos módulos do SII. Por exemplo, estratégias básicas como lucratividade e redução de custos devem ter suas metas periódicas incorporadas ao modelo de informações gerenciais estruturado no sistema, permitindo seu monitoramento e controle diário.

Elementos de alinhamento para a etapa de implementação

A etapa de implementação representa a operacionalização do alinhamento. A partir da formalização e alinhamento dos itens planejados, bem como da fixação das metas a atingir no horizonte de planejamento de curto e longo prazo, deve-se iniciar o processo de execução e monitoramento das mesmas promovendo contínuos ajustes.

Os elementos de alinhamento do MOAE para a etapa de implementação do processo de planejamento encontram-se ilustrados nos planos de fundo da Figura 8.1. São eles: metodologia, comprometimento, sincronização de recursos, instrumentação de gestão, além dos elementos da etapa anterior (adequação estratégica, integração funcional e integração informacional).

A representação gráfica desta etapa, mostrada na Figura 8.1, deve ser interpretada de forma espacial, de maneira a permitir a visualização do movimento de um estado atual para um estado futuro, o que evidencia o dinamismo da promoção (processo) de alinhamento. Esses aspectos podem ser entendidos sob dois prismas: o dinamismo ocorre horizontalmente, com a promoção de ajustes, cancelamentos, adiantamentos ou redirecionamentos entre os itens planejados; e ocorre no tempo, num movimento linear e seqüencial para frente, refletindo o alcance do cenário projetado. O modelo pressupõe que esse cenário também possa ser alterado e redirecionado no decorrer do horizonte de planejamento.

O modelo operacional de alinhamento significa execução, implementação e operação. Dessa forma, o modelo representa um movimento seqüencial para frente, no que tange à implementação e alcance dos objetivos planejados, e um movimento circular dentro de cada passo do movimento para frente, que representa o ajuste contínuo entre os objetivos de negócio e de TI. Monitorar esses movimentos é a grande questão. Assim sendo, dada a importância de monitorar esses movimentos e de manter atualizados todos os envolvidos sobre as modificações, a necessidade de uma instrumentação da gestão para monitoramento da execução do planejamento é reforçada. Isso garante o contínuo alinhamento informacional e funcional entre os itens planejados.

Além dos elementos de alinhamento da etapa de formulação, que persistem durante esta etapa, foram encontrados elementos de operacionalização do alinhamento incorporados ao MOAE, que são descritos a seguir.

Metodologia

Na etapa de formulação, deverá existir uma metodologia para a implementação dos itens planejados que permita a contínua adequação entre eles durante o seu movimento dentro do horizonte de planejamento. Preferencialmente, ela deve ser composta por reuniões de avaliação com freqüência semanal ou quinzenal, por comunicação diária do desenvolvimento e por ajuste das atividades, mantendo a compreensão dos objetivos organizacionais e participação de todos os envolvidos. As reuniões devem ser preparadas e anunciadas anteriormente, assim como seu conteúdo.

Comprometimento

Devem ser elaborados programas de incentivos dirigidos aos participantes do processo relacionados com os resultados obtidos, integrados com as metas estabelecidas para cada projeto e atividade isolada. Deve existir também uma política de incentivos para premiar a adoção das estratégias e o atingimento dos objetivos genéricos do negócio. Esses recursos motivacionais contribuem para o maior comprometimento dos membros da organização com o processo como um todo, intensificando a promoção do alinhamento.

O comprometimento dependerá do uso de metodologia adequada, da instrumentação da gestão para monitoramento do atingimento das metas planejadas e de variáveis de contexto organizacional, tais como políticas de incentivos, cultura de cobrança de resultados, nível de resistência a mudanças e gestão integrada.

Sincronização de recursos

Os projetos e suas atividades (processos, infra-estrutura e responsabilidades) devem estar detalhados para cada área individualmente, bem como os inter-relacionamentos entre as áreas. A sincronização desses detalhes deve ser contínua durante todo o processo. Para isso, a instrumentação da gestão de execução deverá ser uma forte aliada.

Instrumentação da gestão

A instrumentação da gestão deve ser composta por ferramentas de TI que permitam o monitoramento da execução dos itens planejados, bem como de seus ajustes, sob uma base uniforme. Isso mantém o foco nas especificações de longo prazo. O modelo de gestão constante nos instrumentos deve representar a estrutura dos projetos (atividades e recursos) em seus diversos níveis e proporcionar uma avaliação para o processo futuro de planejamento estratégico. Esse fato reforça a idéia de continuidade e constância da promoção do alinhamento.

RESUMO

Dentre os elementos mencionados, podemos destacar a instrumentação da gestão como um elemento crítico para a operacionalização do alinhamento, pois depende dela o ajuste contínuo entre os itens planejados e os itens executados. Pode-se considerar que esse elemento é o centro promotor da operacionalização do alinhamento durante esta etapa, nos remetendo aos estudos de Kaplan e Norton (1997) sobre gestão do negócio pelo uso de um instrumento de planejamento e de controle dos resultados, chamado Painel de Controle. O modelo informacional representado na ferramenta de TI deve conter informações e indicadores de gestão, categorizadas e quantificadas por áreas ou perspectivas do negócio. Isso permite medir a evolução das operações do negócio com relação às especificações do planejamento.

O MOAE estabelece que, além de informações categorizadas por área ou perspectivas que se relacionam diretamente com as estratégias e objetivos organizacionais, existem projetos estratégicos e programas que envolvem informações quantitativas e qualitativas, além daquelas que medem o negócio sob um prisma econômico-financeiro. Elas influem na operacionalização do alinhamento e devem ser igualmente monitoradas. Dessa forma, o modelo prevê a instrumentação da gestão em três níveis: 1) por um modelo informacional estratégico consolidado a partir do modelo gerencial, com indicadores comparativos e evolutivos do movimento do negócio de um estado atual para o estado futuro, contemplando as estratégias de longo prazo; 2) por um modelo informacional gerencial (tático) das informações integradas entre as bases de dados e de projetos, contemplando objetivos orçamentários de curto prazo; e 3) por informações detalhadas constantes nas bases de dados operacionais do SII e nas bases de dados isoladas dos projetos. A idéia é de uma sincronização entre as bases do SII e dos projetos, integrando totalmente os modelos de gestão operacional, gerencial e estratégico.

Os indicadores deverão ser medidos contra um padrão inicial estabelecido na etapa de formulação do processo de planejamento, o qual poderá ser retroalimentado continuamente. Isso justifica a idéia exposta no modelo de alteração contínua das metas planejadas durante seu processo de execução. Ou seja, o próprio movimento do estado atual para o estado futuro pode alterar os padrões, forçando o reajuste dos objetivos, tanto de negócio quanto de TI, e a sincronização dos recursos entre eles o que proporciona o redirecionamento do negócio sem perda de controle.

Em resumo, para operacionalizar o alinhamento durante a etapa de implementação do processo de planejamento estratégico, sugere-se observar os seguintes passos metodológicos:

- transformar os objetivos descritos nos planos em projetos, detalhando-os em atividades e recursos operacionais (mapeamento do cenário futuro ⇨ compreensão);
- definir gestores para os projetos em diversos níveis, estabelecendo metas ao longo do processo (cobrança de resultados), assim como os incentivos retornados por desempenho atingido (motivação ⇨ comprometimento);
- prover agendamento freqüente de reuniões com os gestores de projetos e com os executivos envolvidos no planejamento de ambas as áreas – negócio e TI (comunicação e participação ⇨ compreensão ⇨ comprometimento);
- estruturar e modelar os itens planejados em um instrumento de gestão (mapeamento do cenário ⇨ compreensão ⇨ comprometimento);
- incentivar o monitoramento contínuo dos itens planejados (uso do instrumento de gestão), a partir do controle e da cobrança de resultados por parte do gerenciamento de topo, que deverá monitorar os resultados pelos indicadores representativos dos objetivos estratégicos estabelecidos (comprometimento ⇨ atingimento dos objetivos).

Análise e Integração dos Modelos

Este capítulo apresenta a integração dos modelos PESI-AO (Figura 7.2, Capítulo 7) e MOAE (Figura 8.1, Capítulo 8) dentro de uma visão incremental na condução do processo de planejamento, principalmente no tocante à implementação. A idéia dessa consolidação é propiciar aos leitores a visão de um modelo de PESI que, além dos elementos tradicionais, contenha os elementos de alinhamento e aprendizagem organizacional. Se o modelo consolidado for aplicado, então o planejamento será um processo alinhado e promotor de aprendizado a todos os envolvidos dentro da organização.

Nesta direção, alguns elementos comuns de ambiente organizacional podem ser apontados. Está claro, em ambos os modelos, que a obtenção de um ambiente de planejamento (como aqueles descritos nos capítulos específicos) requer o envolvimento de toda organização, não se restringindo somente à área de SI, mas sim à empresa como um todo. A abordagem conciliatória dos modelos aponta para a análise e a execução de ambos os processos de planejamento de negócio e de SI, de forma integrada e não fragmentada. Ela considera como elementos principais do contexto de planejamento os elementos de alinhamento estratégico e de aprendizagem organizacional.

Com relação a esse aspecto, o modelo de alinhamento estratégico proposto por Teo (1994), apresentado no Capítulo 6, teve importante contribuição para ambos os modelos – PESI-AO e MOAE, pois permitiu a identificação do estágio de integração total, em que não existe distinção entre as duas dimensões – negócio e SI. Esta abordagem vem ao encontro dos estudos de Venkatraman (1997), em que o autor reforça a idéia de que não se deve mais questionar se a TI é estratégia ou suporte do negócio, mas sim que ela pode ser e garantir o próprio negócio.

Tanto o modelo de PESI-AO quanto o MOAE reforçam essa estratégia de o PEN e o PESI serem um processo único. Isso significa a presença de CIOs e CEOs nas reuniões de formulação das estratégias de negócio e de SI da organização e de implementação dos objetivos planejados; na definição conjunta da metodologia de implantação e monitoramento dos objetivos planejados; no aporte de uma ferramenta tecnológica para o monitoramento e controle do atingimento das metas traçadas para cada objetivo corporativo e de unidade, pelo contínuo ajuste entre os itens planejados e os itens realizados; e uso constante de técnicas de aprendizagem organizacional, permitindo o aprimoramento da condução do processo.

Outra característica comum entre os modelos aqui propostos está relacionada ao horizonte de planejamento. Ambos os estudos apontam para uma redução do tempo. Isso deve-se ao fato de esses modelos, diferentes dos demais modelos tradicionais, encontrarem-se fortemente voltados para a etapa de implementação, a qual deve ser incorporada como parte integrante do processo de planejamento. É evidente que, se o horizonte de planejamento for mais curto, o foco no que se quer para o futuro tende a ser mantido de forma integral, durante a sua implementação. Além disso, se cada estratégia e objetivo corporativo for estruturado por unidades ou áreas de interesse, as seguintes vantagens podem ser obtidas junto ao processo:

a) facilidade de definição de metas quantitativas, permitindo o monitoramento mais focado e o efetivo ajuste em tempo real;
b) criação de mecanismos de aprendizado que virão a auxiliar o processo nas etapas de avaliação (manutenção de *follow-up* pela instrumentação de gestão do monitoramento da implementação) e de diagnóstico (lista de novas atividades futuras) do próximo ciclo de planejamento estratégico.

Nas seções seguintes, inicialmente apresentaremos algumas considerações sobre a convergência dos elementos críticos de cada modelo, seguidas pela apresentação do modelo integrado e de sua descrição, e finalizando com algumas considerações sobre viabilidade e contribuições teóricas e práticas ao processo de planejamento.

CONVERGÊNCIA DOS ELEMENTOS CRÍTICOS DOS MODELOS PESI-AO E MOAE

Nesta seção, pretende-se conciliar os principais elementos críticos encontrados em ambos os estudos que originaram os modelos PESI-AO e MOAE. A intenção é oferecer uma visão dos principais fatores que devem ser levados em conta pelos gestores e estrategistas quando estiverem praticando o processo de planejamento estratégico, em todas as suas etapas. Alguns elementos apontam para um determinado contexto organizacional mais propício para que ocorra a aprendizagem organizacional e o alinhamento entre os itens de negócio e de SI durante as etapas do processo de planejamento estratégico.

Fundamentalmente, a ênfase dos modelos é dada na participação dos níveis gerenciais no processo, no trabalho de equipe, no comprometimento dos envolvidos e na metodologia de implementação e instrumentação do monitoramento das atividades. Tais elementos convergem para a promoção do alinhamento contínuo entre os itens planejados de negócio e de SI, propiciando a aprendizagem coletiva ampla na organização.

Nesse sentido, *o contexto organizacional* mais propício para que ocorra o alinhamento e o aprendizado contínuo é aquele em que houver:

- um modelo e um processo de planejamento único (corporativo e de unidades, negócio e SI);

- uma cultura organizacional em que o processo decisório seja baseado no grupo;
- uma visão integrada da organização, do negócio, das operações e informações, buscando uma visão compartilhada sobre o papel da TI;
- políticas de incentivos e de cobrança de resultados, propiciando maior atingimento das metas planejadas;
- processos formais de capacitação (cursos e treinamentos), incluindo as novas propostas na área de aprendizagem, tais como dinâmicas de trabalho em grupo, desenvolvimento de comportamento criativo e uso de técnicas de simulação, entre outras;
- consideração pelos aspectos políticos, por sua importância na condução do processo decisório organizacional e a busca de comprometimento das diversas coalizões políticas organizacionais.

Outro fator significativamente crítico para a implementação de ambos os modelos diz respeito à *metodologia de condução da implementação* dos itens planejados, envolvendo os seguintes aspectos:

- comunicação clara, transparente e correta, visível e acessível a todos na organização;
- promoção da participação e comprometimento dos gerentes de negócio e de TI por reuniões freqüentes;
- sincronização dos recursos através da existência de planos de ação detalhados (estrutura dos itens planejados de cima para baixo, permitindo controle de baixo para cima) e de um cronograma contendo a priorização dos projetos, a alocação e a distribuição dos recursos por projeto;
- seqüenciamento do processo de planejamento e controle;
- manutenção do foco para todo o horizonte de planejamento;
- conhecimento e uso intensivo de técnicas de Aprendizagem Organizacional.

O MODELO CONSOLIDADO PESI-AO-AE

Ambos os modelos apresentados nos capítulos anteriores (Capítulos 7 e 8) contemplam modelo e processo de planejamento estratégico, tanto da área de sistemas de informação quanto da área de negócios. Se traçado um paralelo inicial, pode-se observar a similaridade dos processos de planejamento entre as áreas. Assim, os modelos de planejamento, foco deste livro, integram-se às dimensões tradicionais do processo por duas novas dimensões – aprendizagem organizacional (AO) e alinhamento estratégico (AE) entre negócio e SI, considerando-as concomitantes, contínuas e não-excludentes ao processo como um todo.

Neste contexto, o PESI pode ser redefinido como um processo de formulação estratégica da área de SI, inserido intrinsicamente no processo de planejamento corporativo, que busca alocar os Recursos Humanos e de Tecnologia da Informação de modo a atender às demandas dos processos de negócios das organizações. Dessa forma, visualiza-se a área de SI nas organizações como sendo a responsável pela contínua identificação de oportunidades de uso da Tecnologia da Informação junto aos processos de negócios, sendo responsável pelo atendimento das demandas percebidas ou potenciais da organização. A tecnologia da informação é vista como a provedora de recursos e capacidades de processamento de informações, tanto do *hardware* como do *software* demandado pela área de SI. De um modo geral, pode-se concluir que a área de SI trata das demandas, e que as TIs referem-se às diversas ofertas de tecnologia (*hardware* e *software*) para atender aos processos de negócios em uma organização.

Conceitualmente, todo o processo de planejamento estratégico de SI (PESI), assim como os processos de planejamento de outras áreas da organização, estariam encapsulados no modelo de planejamento estratégico do negócio (PEN) como um todo. Por isso, a Figura 9.1 está representada dentro das dimensões tradicionais dos modelos de planejamento, isto é, as etapas de diagnóstico e de formulação (momento 1 do processo de planejamento, representado pelas caixas de texto superiores) seguidas das etapas de implementação e avaliação/revisão (momento 2 do processo de planejamento, representado pelos demais elementos da figura, centrais e inferiores).

Em todas as etapas, o modelo compreende itens de planejamento chamados de componentes do modelo, ou seja, objetivos, estratégias, metas, ações, infra-estrutura, processo e pessoal. Saliente-se que o momento 1 do processo pode ser entendido como um processo estático de definição de itens futuros para o negócio, e o momento 2, como um processo dinâmico, em que os itens apresentam um movimento contínuo do estado atual para o estado futuro.

O modelo consolidado de PESI-AO e MOAE, chamado de Modelo Consolidado de PESI-AO-AE (MPA) e apresentado na Figura 9.1, estabelece que os elementos de aprendizagem organizacional são elementos catalisadores do processo de planejamento, enquanto que os elementos promotores de alinhamento representam a operacionalização do processo. Dessa forma, essas dimensões complementares ao processo – AE e AO – representam o dinamismo das etapas de implementação e avaliação/revisão sobre as etapas de diagnóstico e de formulação estratégica dos próximos ciclos de planejamento. Com base nos ajustes promovidos nos itens planejados durante a sua implementação, é possível a elaboração da lista de itens a serem discutidos nas etapas de diagnóstico e de formulação do ciclo de planejamento seguinte, a serem realizadas ao final do atingimento dos itens planejados para o ciclo atual (Figura 9.1, AE/AO – Ciclos de Planejamento Estratégico).

O modelo compreende que, durante a etapa de Diagnóstico (Figura 9.1, caixa de texto superior à esquerda), são mapeados os componentes do processo – estratégias, objetivos organizacionais, infra-estrutura, processos e pessoal do negócio e da TI – a partir das ocorrências identificadas nas etapas de Implementação e Avaliação/Revisão do planejamento (ciclo atual de planejamento). Objetivo é identificar os aspectos relativos ao modelo de negócio atual da organização e direcioná-los para a etapa de Formulação Estratégica (Figura 9.1, caixa de texto superior à direita), em que será delineado o novo modelo de negócio desejado e estabelecidas as diretrizes e políticas que deverão ser norteadoras do processo de mudança.

No momento 1 do processo de planejamento, o alinhamento (Figura 9.1, caixa de texto superior ao centro) deve ocorrer de forma integral, uma vez que as definições do negócio futuro envolvem tanto componentes de negócio quanto de SI para suporte do negócio futuro. Por exemplo, se for definido, como um dos objetivos do negócio futuro, um aumento de faturamento por vendas de determinada linha de produtos na Web, temos um objetivo de negócio que deve ter todo

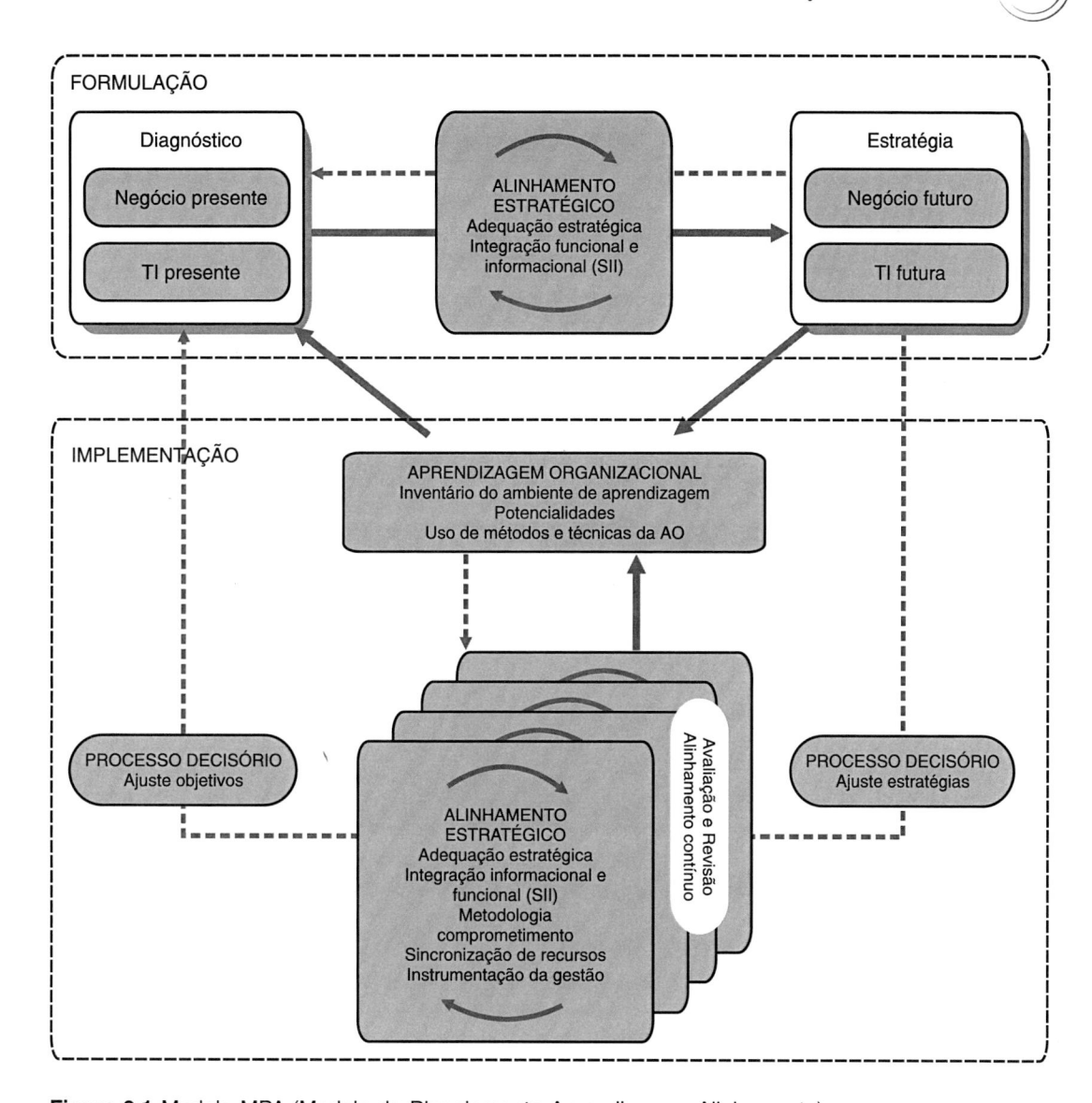

Figura 9.1 Modelo MPA (Modelo de Planejamento Aprendizagem-Alinhamento).

o aporte tecnológico necessário definido concomitantemente com essa nova estratégia corporativa.

Os elementos essenciais promotores de alinhamento para este estágio do processo (estágio 1 de alinhamento – etapa de formulação) que devem ser considerados são a adequação estratégica entre cada item de negócio com o suporte tecnológico necessário, o nível de integração e conformidade dos processos encapsulados no SII (ERP) para atender às novas exigências do negócio e o modelo informacional definido no SII ou na ferramenta de EIS (*Executive Information*

System) ou de BI (*Business Inteligence*) para monitoramento dos itens planejados durante sua execução na etapa de implementação do processo de planejamento.

Destaque-se aqui a similaridade entre o estágio 1 de alinhamento – etapa de formulação – e o ciclo interno de aprendizagem organizacional durante este momento do processo de planejamento. No âmbito específico do modelo de PESI (Capítulo 7, Figura 7.2), o modelo consolidado destaca o processo de aprendizagem interno como sendo fundamental no tocante ao uso de TI nas organizações. Em termos práticos, o modelo consolidado extrapola a etapa de diagnóstico do modelo original de PESI, que passa a ser uma espécie de refinamento do diagnóstico corporativo do negócio – ele detalha o que for necessário e complementa com aspectos próprios do diagnóstico da área de SI, promovendo o alinhamento entre negócio e TI durante a formulação destas estratégias futuras.

No momento 2 do processo de planejamento, o modelo propõe que os componentes mapeados nas etapas anteriores devem ser executados. A etapa de implementação (Figura 9.1, caixa de texto central inferior) fecha o ciclo do processo de planejamento integrado PEN-PESI, estabelecendo um processo circular que encapsula, por um processo contínuo de avaliação e revisão, o desenvolvimento dos diversos planos setoriais (*marketing*, sistemas de informações, etc.). Nesta etapa, o alinhamento ocorre em vários estágios (2-n) dentro do horizonte do ciclo atual de planejamento – daí a continuidade do processo sendo representada pelos freqüentes ajustes realizados (avaliação e revisão) durante o transcorrer da implementação de cada componente estabelecido na etapa de formulação.

O modelo sugere que se crie uma instrumentação de gestão que permita acompanhar a evolução de cada item planejado em relação à meta especificada na etapa de formulação estratégica. Dessa forma, é possível fazer o acompanhamento constante e o redirecionamento necessário para os objetivos de negócio, possibilitando o seu atingimento integral ou quase integral ao final do prazo estabelecido. Esse processo de alinhamento estratégico pelo uso de uma instrumentação de gestão representa a dinamicidade do MPA ao mostrar a sua dimensão temporal alinhando continuamente, tanto nas etapas de formulação (estratégica) como de implementação (operacional). A aprendizagem organizacional também ocorre por esse instrumento, pois ele contém um modelo informacional do conjunto de componentes definidos para o negócio futuro, o que permite o rastreamento de suas ocorrências e das decisões tomadas para seus ajustes (*follow-up*).

Os elementos comuns essenciais, promotores de alinhamento e de aprendizagem organizacional para esta etapa do processo de planejamento, que devem ser considerados são:

- uma metodologia para o processo, que busque reforçar o comprometimento dos participantes e a comunicação entre eles;
- uma forma de comunicação clara, transparente e correta, mostrando o processo de PESI de forma visível e acessível a todos na organização;
- uma liderança relevante para todo processo, destacando suas características de representatividade e capacitação na área gerencial, com ênfase no uso de técnicas de aprendizagem;
- o uso de técnicas de AO do tipo dinâmica de grupo, simulação, cenários estratégicos e resolução de problemas pelo enfoque sistêmico, o que in-

clui um instrumento para monitoramento e acompanhamento da implementação dos itens planejados que permite essas práticas.

CONTRIBUIÇÕES DO MPA AO PROCESSO DE PLANEJAMENTO

O modelo consolidado de PESI-AE-AO (MPA) proposto inova ao incorporar contribuições das áreas de AO e de processo decisório (PD) no contexto do seu processo, integrando definitivamente os processos de PESI e de AE. O modelo de PESI em si, com os ciclos interno e externo e suas dinâmicas, bem como a incorporação efetiva da implementação no corpo do modelo, traz significativa contribuição na área de PESI (Figura 9.2).

O ciclo interno do processo de planejamento favorece a definição da estratégia de aprendizagem coletiva e participativa do processo de planejamento e de alinhamento estratégico (modelo informacional de gestão do movimento do negócio de seu estado atual para o estado futuro) durante a realização do diagnóstico do estado atual dos itens de negócio e de TI, seguido da formulação estratégica do negócio futuro e das TIs necessárias para suporte do mesmo. O ciclo externo do processo de planejamento favorece o uso de técnicas de AO conjuntamente

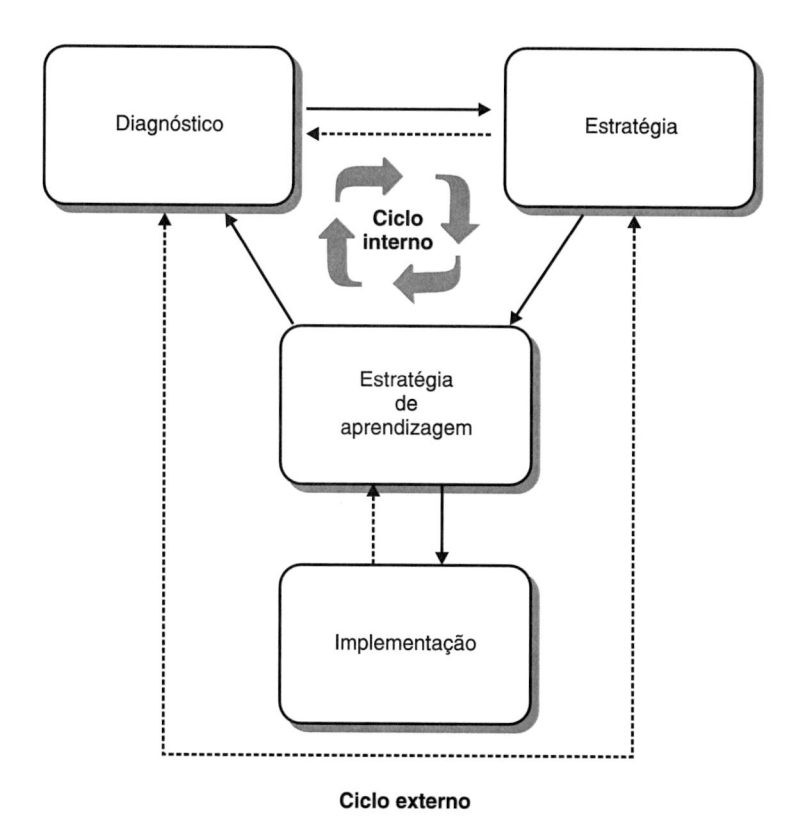

Figura 9.2 Modelo PESI proposto: ciclos interno e externo.

com a promoção do alinhamento pela instrumentação de gestão e pelo monitoramento da execução dos itens planejados, permitindo o seu atingimento integral ao longo do processo.

O modelo proposto resgata uma visão de planejamento mais moderna em uma linha descritiva, em que as estratégias podem surgir tanto no contexto da elaboração do plano como emergir (de baixo para cima) na organização. O modelo mostra que essas duas formas não são excludentes e podem ocorrer simultaneamente. Em virtude disso, reforça-se a importância da aprendizagem organizacional e do incrementalismo lógico, no sentido de criar um processo e um ambiente onde isso possa emergir pela participação. A participação reforça a compreensão dos objetivos organizacionais de negócio e de TI e, juntas, proporcionam maior comprometimento das pessoas com o processo de planejamento e de sua implementação, refletindo na promoção mais intensa de alinhamento entre os itens de negócio e de TI.

Sendo assim, particular destaque deve ser dado ao uso de técnicas de AO em um contexto de PESI. A experiência dos autores e diversos estudos empíricos apontam nesse sentido e sugerem que o uso de novas abordagens e técnicas é crítico para o sucesso do processo de planejamento como um todo, com importantes reflexos nos níveis de participação e comprometimento dos participantes. Com relação ao impacto do uso das técnicas de AO, indica-se que o emprego de técnicas criativas e de simulação é de grande relevância no processo.

Da mesma forma, ressalta-se o papel da comunicação neste contexto. Destacam-se também os principais fatores motivadores para a aprendizagem e a mudança, realçando o papel do ambiente externo como principal motivador da aprendizagem. Outro aspecto interessante diz respeito à identificação dos problemas de implementação diretamente associados aos mesmos problemas identificados para a aprendizagem e a mudança, o que sugere uma sobreposição entre implementação e barreiras de aprendizagem e mudança. Logo, o papel da instrumentação de gestão é significativo, pois proporciona uma interatividade entre os participantes através da transparência de apresentação dos problemas, incitando os participantes na busca de soluções coletivas.

Outro aspecto relevante envolve a busca da consolidação dos modelos de PESI e MOAE, abrindo-o para a etapa de implementação do processo de planejamento. O foco do modelo passa a ser a promoção de alinhamento contínuo para todo o horizonte de planejamento e para os horizontes seguintes, evidenciando a persistência do processo no ciclo de vida da organização. A dimensão "alinhamento" é tratada independentemente da dimensão "planejamento estratégico", evidenciando a sua importância como processo único e não mais isolado para a área de negócios ou para a área de TI. A visão passa a ser de gerenciamento das estratégias do negócio, tendo a tecnologia como um recurso obrigatório para o sucesso dos negócios.

O processo de planejamento estratégico como um todo deve incorporar o ajuste contínuo entre os itens planejados e executados, tanto na etapa de formulação quanto na de implementação. O alinhamento passa a ser considerado um elemento metodológico do planejamento estratégico e um instrumento de gestão de sua execução. Essas contribuições ao processo de planejamento como um todo, seja ele de negócio ou de TI, tornaram-se evidentes à medida que os componentes dos planos, etapas do processo de planejamento e a metodologia de execução do planejamento foram sendo observados na prática.

É importante salientar alguns elementos do modelo consolidado a serem incorporados em processos de planejamento estratégico que atentem para a promoção de alinhamento. São eles:

- o horizonte de planejamento (ciclos de longo prazo) quebrado em pequenos blocos anuais (estágios da etapa de implementação), proporcionando melhoria da execução e monitoramento dos itens planejados;
- a transcrição dos objetivos organizacionais ou itens planejados em projetos, programas e indicadores do atingimento das metas, permitindo um melhor detalhamento das atividades para arranjo no instrumento de gestão da implementação dos itens planejados (estruturação dos objetivos para integração informacional);
- a preocupação com o monitoramento dos objetivos organizacionais, visando à integralidade do seu atingimento pelo uso de ferramentas de TI para gestão de execução dos planos (alinhamento contínuo pela instrumentação da gestão);
- a preocupação em garantir o comprometimento dos integrantes da organização, durante o processo de planejamento, com todos os itens planejados, por meio de políticas de incentivos e de cobrança de resultados (contexto e cultura organizacional);
- a realização do processo de planejamento de negócio e de TI em um único momento, promovendo o que chamamos de integração total ou alinhamento total;
- o suporte das operações do negócio por SII e por um conjunto informacional para gestão dos itens planejados.

CONSIDERAÇÕES FINAIS

Não obstante os recentes desenvolvimentos da área de SI, a definição de estratégias de SI continua a ser um problema crítico de gerenciamento de informações, indicando que a busca de competitividade pelo uso da TI tem sido questionada.

O grande desafio enfrentado por teóricos e administradores da área se refere à ligação entre os planos de negócios e os de SI, e principalmente aos aspectos ligados à implementabilidade dos planos desenvolvidos na área de SI. O processo de planejamento na área de SI, para fazer frente às atuais demandas da área de negócios, deve implementar uma visão de planejamento estratégico de SI como um processo de aprendizagem interativo, visando ao desenvolvimento e à redefinição de processos de negócios e incorporando o uso de TI. A visão do incrementalismo lógico no processo decisório e a aprendizagem organizacional desempenham papéis relevantes na busca de um modelo de planejamento estratégico de sistemas de informação eficaz, efetivamente implementável e que permita atingir os resultados a que se propõe.

Concluindo, o processo de planejamento estratégico é um importante instrumento de gestão no atual ambiente de negócios. O alinhamento entre os planos de negócio e de TI pode ser um elemento essencial habilitador da realização dos objetivos organizacionais. A incorporação da TI como uma das estratégias permanentes das organizações pode se tornar um desafio a executivos de ambas as áreas, mas não pode mais ser ignorada, assim como a continuidade e o gerenciamento do processo. No entanto, os elementos promotores de alinhamento contínuo no processo de planejamento, resultantes desta pesquisa, auxiliam a enfrentar esse desafio, reduzindo as dificuldades em estabelecer o sincronismo entre os objetivos de cada área.

Facilitar e instrumentalizar a gestão da informação nas organizações foi o objeto desta obra. A instrumentação da gestão deve, ao mesmo tempo, servir de veículo de avaliação e de estímulo ao processo de aprendizagem e à continuidade do processo de melhoria.

10

Estudos de Caso

Este capítulo apresenta dois estudos de caso de referência dos modelos PESI-AO (Figura 7.2, Capítulo 7) e MOAE (Figura 8.1, Capítulo 8). O primeiro caso apresenta o processo de planejamento de sistemas de informação de um centro médico, abordando aspectos de aprendizagem na sua condução. O segundo caso apresenta os elementos promotores de alinhamento durante as etapas de formulação e implementação do processo de PE em uma indústria do setor automotivo.

Busca-se demonstrar, com exemplos práticos, a aplicação das abordagens sugeridas neste livro e o uso adequado dos elementos de aprendizagem organizacional e de alinhamento estratégico durante a condução do processo de PE dentro das organizações. Vale ressaltar que os resultados foram obtidos pelos autores durante observações dentro dessas organizações. Os entrevistados são executivos de alto nível com conhecimento e experiência em processos de PE e em gestão. Por questões de sigilo, algumas informações apresentam-se limitadas.

CASO 1: PRINCÍPIOS DA APRENDIZAGEM ORGANIZACIONAL APLICADOS AO PESI DE UM GRANDE CENTRO MÉDICO NORTE-AMERICANO

O estudo de caso foi desenvolvido em um Centro Médico (CM) referido neste estudo de caso como UMC. A UMC é um dos maiores centros médicos na região sudeste dos EUA, com mais de 6 mil colaboradores. Possui dois hospitais, sendo que o maior dispõe de cerca de 500 leitos, dezenas de centros de pesquisa, atende a mais de 20 mil pacientes anualmente e tem receitas acima de 300 milhões de dólares.

Sua visão estratégica é situar-se entre as melhores instituições de saúde no meio acadêmico e ser reconhecida nacional e internacionalmente por sua excelência em ensino, pesquisa e assistência aos pacientes. Um dos fatores críticos de sucesso no seu planejamento estratégico corporativo é desenvolver e efetivamente utilizar modernas tecnologias da informação (TI) para suportar o atingimento de sua visão estratégica. Derivado de seu processo de planejamento estratégico corporativo, a UMC começou o desenvolvimento de um plano estratégico de SI.

No âmbito desse plano estratégico, insere-se o projeto SII (Sistema de Informação Integrada), visando a iniciar a construção dos fundamentos para o desenvolvimento de um abrangente sistema de informação na área clínica da UMC. Esse projeto foi o maior e mais importante no âmbito do plano estratégico de SI (PESI) da UMC. O principal objetivo do PESI foi identificar as mudanças requeridas no ambiente de TI existente no sentido de viabilizar e estabelecer as condições tecnológicas e organizacionais necessárias para as mudanças estratégicas pretendidas pela UMC. O valor envolvido nesse projeto foi de aproximadamente 25 milhões de dólares.

O início do processo de planejamento foi em agosto de 1998, e o projeto SII foi concluído em janeiro de 2000. O projeto foi acompanhado integralmente e localmente pelo pesquisador, a partir de março de 1999, até seu término, em janeiro de 2000, inserindo-se no âmbito de um projeto de pesquisa conjunto (EUA-Brasil).

Descrição do processo de planejamento de SI na UMC

O processo de planejamento estratégico de sistemas de informação (PESI) na UMC foi precedido de uma completa e radical reformulação na área de sistemas do Centro Médico. Em meados de 1997, o presidente e a alta administração do CM estavam empenhados em redefinir o papel da área de SI, antevendo a importância da área no futuro imediato da UMC.

Dessa forma, foi avaliada como fundamental uma mudança radical na orientação e no poder político da área de sistemas na estrutura organizacional, o que passava pela substituição integral de todas as chefias e do próprio CIO, além de um reposicionamento estratégico da área de SI na estrutura da UMC. Foram unificadas as duas principais áreas que lidavam com TI, uma no hospital e outra no centro clínico, agregando ainda o controle sobre todo o tipo de processamento e armazenamento de informações, tais como as bibliotecas e o cadastro de prontuários médicos. Em junho de 1997, a reorganização do setor já estava concluída, com diversas modificações nas chefias de área. O presidente começou o processo de seleção do novo chefe para a área, já na posição de vice-presidente de SI.

A definição do perfil do novo CIO incluía requisitos como uma grande experiência, uma visão de aprendizagem como fundamento do aprimoramento dos profissionais e usuários e um estilo gerencial altamente participativo, visando a propiciar um processo decisório mais descentralizado e coordenado.

Em julho de 1998, iniciou-se o desenvolvimento do PESI. O nível de aderência do PESI ao plano de negócios foi significativo, pois o novo plano de negócios da organização identificava a área de TI como um fator crítico de sucesso para que a UMC atingisse os objetivos propostos.

A abordagem utilizada antes da chegada do novo CIO foi relativamente centralizada, com forte coordenação de consultores externos, que conduziram diversas reuniões com grupos de usuários e individuais (mais de 80 no total). O horizonte de planejamento foi de cinco anos. Do ponto de vista técnico, o plano seguiu uma linha racional, claramente prescritiva, procurando subliminarmente cristalizar a nova estrutura montada e estabelecer as bases para o desenvolvimento de projetos específicos na área de TI. Foi destacada a redefinição completa da base tecnológica (infra-estrutura) e de sistemas, visando a desenvolver uma base de informações corporativa consistente e confiável e alterar significativamente a base tecnológica existente.

Apesar da orientação mais prescritiva e diretiva do plano estratégico, foram criadas as condições para desenvolvimento de uma cultura aberta e incremental na implantação do plano, com base nos diversos projetos identificados. Esses projetos seriam desenvolvidos autonomamente, com definição de objetivos, recursos e pessoal próprios, alocados pela área de SI e com o apoio do presidente. O nível de divulgação (informação interna) sobre o plano gerado foi abrangente, levando a todas as chefias o conhecimento dos resultados e a forma como se estabelecia a ligação do plano de TI com o plano corporativo.

A partir de setembro de 1997, foi contratado o novo vice-presidente de SI. O novo estilo gerencial da chefia de SI influenciou em uma reorientação no modelo decisório na área. A forte visão relativa à importância da aprendizagem, aliada a uma abordagem gerencial altamente participativa, propiciou a conclusão do plano e o início da próxima etapa (chamada de Projeto SII) em um ambiente muito mais positivo do ponto de vista do comprometimento, das perspectivas e da confiança na liderança por parte do pessoal técnico e não-técnico.

Ficou muito evidente, ao longo da pesquisa, a grande diferença de estilos entre a gestão anterior e a atual na área de sistemas. Identificaram-se focos de resistência ao processo de mudança que guardaram certo desconforto com a forma como foram definidas as novas estruturas na primeira fase do projeto. Esse aspecto, porém, se considerarmos o elevado grau de mudança que ocorreu, parece ter sido bem assimilado, principalmente pela percepção positiva do pessoal com relação ao novo vice-presidente de SI e pelo significativo apoio do presidente.

Paralelamente a essas mudanças na área de SI, por condução do presidente, foi redefinida também a forma de coordenação dos esforços de aprendizagem no CM, que culminou com a criação do Centro de Aprendizagem, um espaço dedicado ao processo de educação continuada dos funcionários do CM. Uma das principais atividades aí desenvolvidas está relacionada à área de sistemas e de formação e capacitação de lideranças, com impacto positivo e direto nos projetos da área de TI. Essa redefinição da área de aprendizagem, evoluindo de uma visão mais centrada em instrução para um enfoque de estabelecer condições e disponibilizar espaços físicos para um ambiente de AO, gerou uma abordagem menos prescritiva e mais descritiva no processo de planejamento.

Do ponto de vista metodológico, o PESI envolveu as etapas de identificação de necessidades, coleta de dados, identificação de alternativas, seleção e montagem do plano. Os componentes de TI avaliados envolveram *hardware*, *software* e pessoal. A seguir foram identificadas estratégias genéricas e selecionada a mais indicada, abrindo a perspectiva do desenvolvimento de novos projetos para a implementação do plano. Daí derivaram os projetos de aquisição do novo sistema integrado da área clínica, chamado de SII, e o projeto de preparação para o ano 2000, de conversão e adequação dos sistemas em utilização para o *bug* do milênio. Foram identificados cinco grandes projetos a serem desenvolvidos no horizonte de planejamento. Deve-se destacar a importância demonstrada pelos processos de educação (sob responsabilidade do Centro de Aprendizagem) no desenvolvimento do plano. Tendo se desenvolvido paralelamente a todas as demais etapas, os processos enfatizaram as áreas de liderança, dinâmica de grupo e conteúdos tecnológicos.

O plano estabeleceu as bases para a estruturação e a condução do processo decisório na área de SI na UMC com a redefinição e a identificação de novas estruturas e papéis relevantes na área, tais como o relacionamento com a área de SI da universidade, o papel do comitê executivo de SI, a organização da área e as estratégias específicas para os projetos identificados, de ambulatório e de sistema integrado de informações clínicas, assim como os componentes da infra-estrutura tecnológica.

O projeto foi concluído em março de 1998 sem detalhar os planos de implementação, mas estabelecendo os mecanismos de desenvolvimento dos novos projetos na forma de linhas de ação e estratégias de atuação, além da nova estrutura do setor e papel da área com relação ao plano estratégico de negócios.

No contexto do PESI, em julho de 1998, iniciou-se o mais importante dos projetos identificados, chamado de Projeto SII. Ele mobilizou o conjunto da UMC, tendo sido conduzido integralmente sob a orientação da nova chefia da área de SI. A conclusão desse projeto deu-se em janeiro de 2000.

O Projeto SII foi coordenado pelo vice-presidente, teve como patrocinador o presidente e, como líder, a diretora do Departamento de Informática da área de enfermagem. Pode-se observar na líder do projeto uma forte personalidade, grande entusiasmo e capacidade de organização, com consistente formação em dinâmicas de grupo e motivação de equipes. Como projeto integrante do esforço de planejamento na área de TI, incorpora a mesma visão e objetivos identificados no PESI.

A estrutura central dos diversos comitês e equipes foi montada, sob coordenação do vice-presidente, envolvendo todas as áreas-chave do hospital, com criterioso processo de seleção de participantes, tanto pelo estilo pessoal ou gerencial, como pela representatividade e pelo interesse. Dessa forma, alguns comitês tiveram a liderança compartilhada, de modo a representar adequadamente as diferentes correntes ou subgrupos. A montagem do grupo central do projeto envolveu todos os líderes de comitês e outras pessoas consideradas importantes e com capacidade de trabalho.

A partir da visão do futuro da área de saúde na universidade e da missão da UMC, retirados do plano estratégico de negócios, foi definida a missão do projeto e foram identificados os fatores críticos de sucesso, além dos princípios ou políticas que deveriam nortear a condução dos trabalhos. Uma das políticas mais impactantes foi a determinação do PESI de adotar a estratégia de adquirir um novo sistema que representasse o estado da arte na área, com todas as implicações de custo e tempo necessários para a seleção e implantação de um projeto desse porte.

A definição dos objetivos do projeto, a visão da base de informação a ser gerada e os componentes do prontuário de informações do paciente e da análise e a formalização da base de dados e da plataforma tecnológica a ser utilizada foram atividades desenvolvidas já pela nova equipe. O início formal das atividades foi aberto a todos os funcionários, com a designação de atribuições, responsabilidades e participantes e definição do cronograma previsto.

Nesse período, tiveram início os cursos de dinâmica de grupo, técnicas de simulação e avaliação e a aplicação desses conceitos por parte das lideranças, de forma intensiva. Outras definições importantes foram a definição da utilização da técnica de simulação para as principais etapas do processo de seleção e análise, com o máximo de participação possível do pessoal de cada área do UMC. Outro aspecto relevante foi a definição da abordagem a ser utilizada para a análise de custo e benefício, por solicitação dos níveis executivos, principalmente em virtude do impacto nos processos de trabalho atuais e dos valores envolvidos. A análise de custo/benefício envolveu, por absoluta necessidade de avaliação dos impactos, um completo e abrangente estudo de redefinição e uma proposta de novas formas de trabalho e de mudanças em virtude do novo ambiente informatizado.

O lançamento do projeto foi realizado em dois dias, com grupos diferentes. Compareceram, no total, mais de 75 funcionários, além dos participantes diretos dos grupos e comitês (aproximadamente 120). Essa atividade gerou um impacto muito positivo, com a participação do presidente e de todas as lideranças envolvidas. A atuação do presidente foi direta ao longo do projeto e com forte suporte, sendo o projeto apresentado como um dos fatores críticos de sucesso para a administração do hospital. Nos seminários de planejamento, com todos os funcionários do hospital, o presidente foi incisivo ao apontar o projeto como absolutamente crítico para a UMC atingir os objetivos do plano de negócio e implementar a visão de negócio construída.

A primeira atividade foi elaborar o formulário de requisição de informações (RFI, *request for information*) para empresas com potenciais chances de participar do processo de seleção (foram enviados 48 RFIs). A segunda atividade foi a preparação das requisições de propostas (RFP, *request for proposal*) para as empresas a serem convidadas a participar do processo. De outubro a dezembro de 1998, foram desenvolvidos os cenários para as demonstrações dos vendedores selecionados na etapa inicial (de um total de 28 participantes da requisição de informações, foram enviadas requisições de propostas comerciais para 12 e, destas, foram selecionadas três para as demonstrações). Para essas demonstrações, foram criados cenários estratégicos para cada área da UMC, simulando abrangentemente os diversos tipos de atividades e transações realizadas. Foram também disponibilizados subconjuntos da base de dados, com dados não identificados para os testes e simulações do ambiente e dos sistemas finalistas.

Nessa época, novembro de 1998, a partir dos estudos de identificação dos requerimentos de negócio, teve início o desenvolvimento do plano de negócios preliminar, concluído em abril de 1999. As verificações finais do sistema de avaliação das propostas e do plano de negócios preliminar foram realizadas nos meses de março e abril. Sistemas de avaliação foram desenvolvidos para a análise das RFIs e RFPs, tornando o processo de seleção o mais objetivo possível, o mesmo ocorrendo posteriormente nas etapas de demonstrações e visitas técnicas. Os selecionados na etapa de propostas foram em número de três e tiveram dois meses (abril e maio) para preparar as apresentações na UMC no ambiente simulado e com as bases de dados fornecidas pela equipe de projeto.

Paralelamente a isso, foi definido o sistema de avaliação das apresentações, totalmente baseado nas demonstrações e nas análises dos usuários de cada área, além das análises técnicas e de viabilidade econômica. As demonstrações foram desenvolvidas no mês de junho, em três semanas, uma para cada empresa. Foram disponibilizadas múltiplas sessões para cada grupo de usuários em diferentes dias e horários. Todos os atendentes receberam fichas de avaliação, por item apresentado e global. Participaram mais de 570 funcionários, tanto das sessões de apresentação como de demonstrações. Todas as apresentações foram filmadas e algumas disponibilizadas para acesso em outro horário, por requisição.

Para os três finalistas, foram realizadas visitas técnicas, em três empresas usuárias, por membros do projeto. Também foram utilizados critérios específicos e fichas de avaliação (total de 10 visitas). O plano de negócio foi finalizado em outubro de 1999, contendo as análises de custo/benefício e projeções de impacto organizacional decorrentes da implantação do projeto. Os finalistas foram identificados em agosto, e iniciou-se o processo de negociação com duas empresas. O vencedor foi indicado em dezembro, e o contrato, assinado em janeiro. Em novembro e dezembro, foram realizadas avaliações do processo como um todo, buscando obter subsídios para a etapa de implantação. Os maiores esforços nesse sentido foram realizados pelo grupo responsável pela análise de benefícios, que executou duas *surveys* com usuários, uma geral e outra com médicos, visando a identificar as expectativas e os receios dos usuários com o projeto. Outra análise foi realizada pelo grupo principal, exclusivamente com os participantes do projeto.

A atividade final do grupo do projeto foi a elaboração de recomendações e implicações relativas às estratégias de implantação do sistema selecionado, fortemente centrada em aspectos organizacionais como fatores-chave de sucesso para a implementação do projeto.

Princípios da AO analisados

O estudo de caso desenvolvido na UMC ilustrou diversos princípios da AO aplicados em um processo de PESI. A seguir apresentamos cada um dos princípios encontrados, tendo por base o modelo PESI-AO (Figura 7.1, Capítulo 7). Após, analisamos esses princípios à luz dos resultados iniciais obtidos na análise de dados referentes a este estudo de caso.

- **Mudanças na estrutura organizacional estimulam a criatividade e a aprendizagem**
  O processo de mudanças nas áreas relacionadas com sistemas de informação e aprendizagem na UMC foi fundamental para preparar o ambiente para o desenvolvimento do plano estratégico de SI. O novo Centro de Aprendizagem foi criado a fim de estimular novas idéias e usar novas técnicas criativas. Outras mudanças significativas envolvem a unificação das áreas que lidam com TI na UMC e a criação de uma vice-presidência para a área de SI. Esse reposicionamento da área forneceu um visível e importante poder político e força para implementar mudanças e influir nos rumos da organização, via plano estratégico corporativo. Isso possibilitou a influência em diversos assuntos corporativos e a participação em todos os níveis e grupos de trabalhos no Centro Médico. Este caso demonstrou claramente que mudanças radicais podem estimular e criar condições para desenvolver um ambiente de aprendizagem.

- **O papel da liderança é fundamental**
  Os membros do Projeto SII entrevistados e os médicos que participaram da *surveys* indicaram claramente que o presidente da UMC, o vice-presidente de SI e o líder do projeto possuem um estilo gerencial altamente participativo. Pudemos identificar o uso de diversas técnicas de AO, tais como *brainstorming*, técnicas de simulação e técnicas de cenários estratégicos. O uso dessas técnicas, entre outras, foi vista como fortemente contributiva para o processo de planejamento.

- **O processo de planejamento é um processo de aprendizagem em si**
  Todos os entrevistados concordam que alguma aprendizagem ocorreu durante o processo de planejamento. Quase a totalidade dos entrevista-

dos afirmou que o processo em si foi de aprendizagem. Diversos afirmaram que um dos mais importantes efeitos do projeto foi um novo entendimento sobre o futuro papel da TI na UMC e a ligação entre a TI e a visão estratégica da organização.

Esse entendimento parece ter promovido um alto nível de comprometimento de longo prazo com o projeto. Evidentemente isso se reflete na visão positiva sobre a importância do projeto e seu impacto futuro na empresa. A quase totalidade dos médicos pesquisados e entrevistados reconheceu o processo de aprendizagem em si como a mais importante contribuição do processo de planejamento na cultura da organização. Eles freqüentemente utilizaram expressões tais como "é a primeira vez que isso ocorre aqui na UMC", "nós estamos cruzando algumas pontes, conectando pessoas de diferentes áreas pela primeira vez" e "esta é uma maneira realmente diferente de gerenciar as mudanças na área de SI aqui" para descrever o projeto.

- **Os estímulos para a aprendizagem vêm dos ambientes interno ou externo**
  A grande maioria dos respondentes afirmou que os principais estimuladores para a aprendizagem vêm do ambiente externo. Foram citados, como exemplos, competidores, governos (nos níveis estadual e federal) e companhias de seguros. Isso demonstra a necessidade de se aprofundarem os estudos relativos à importância dos fatores externos como estimuladores do processo de aprendizagem.

- **AO contribui para desenvolver uma visão compartilhada**
  Todos os entrevistados reconhecem a importância da existência de uma visão compartilhada no processo de planejamento de SI. A maioria dos participantes entende que a abordagem de AO contribui significativamente na obtenção de uma visão compartilhada sobre o papel da TI na organização. Entretanto, alguns entendem que é muito difícil obter uma visão compartilhada, e expressam que uma concordância sobre alguns aspectos-chave poderia ser suficiente. Provavelmente, o principal desafio de qualquer projeto de planejamento de SI é a criação de uma visão compartilhada, e a principal contribuição das técnicas de AO utilizadas na UMC foi a obtenção dessa visão.

- **Técnicas criativas estimulam novas idéias e, como conseqüência, maior participação**
  Quando questionados sobre técnicas criativas, os respondentes citaram aspectos do projeto, independentemente de eles se referirem ou não a técnicas que poderiam ser consideradas criativas ou inovadoras. Algumas eram realmente criativas; também foi citada uma significativa estrutura de comunicação utilizando *webpages* e *newsletters*, técnicas de simulação e técnicas de dinâmica de grupo. Por outro lado, alguns respondentes citaram análise de custo/benefício, critérios de avaliação baseados em indicadores, estilo gerencial, trabalho em equipe e consultores externos. Esses não são exemplos de técnicas criativas, e sim antigas técnicas de trabalho. Isso indica que quaisquer processos novos de trabalho podem parecer criativos e diferentes, e podem gerar maior envolvimento com o projeto.

- **A avaliação do processo de aprendizagem é o maior desafio**
  Identificamos que a abordagem de AO auxiliou a UMC a alcançar seus objetivos (aprendizagem adaptativa) e mudanças em valores e normas da organização (aprendizagem reconstrutiva). Isso resulta claramente de um novo estilo gerencial que valoriza muito a aprendizagem. Entretanto, a avaliação do processo de aprendizagem é o maior desafio.
  A aprendizagem processual consiste em ganhar *insight* dentro do processo de aprendizagem, e isso significa aprender a aprender. Técnicas tradicionais baseadas em análise de custo/benefício geralmente são muito úteis, mas falham ao tentar responder questões relativas à avaliação do processo de aprendizagem. Todos os respondentes concordam que eles não possuem uma sistemática para avaliação da aprendizagem, e a maioria concorda que eles necessitam avaliar o que está ocorrendo, mas não sabem como.

CASO 2: O PROCESSO DE PE E OS ELEMENTOS PROMOTORES DE ALINHAMENTO EM UMA INDÚSTRIA DE COMPONENTES AUTOMOTIVOS

A organização pode ser caracterizada como de grande porte, multinacional com controle estrangeiro, com atuação no setor automotivo, fabricando componentes para motores de automóveis, tendo entre suas unidades fabris uma das maiores fundições do mundo. Entre seus principais clientes, estão as grandes montadoras nacionais e internacionais e distribuidores em geral. O estudo abrange a área corporativa e as unidades instaladas no Brasil. Em funcionamento há mais de 81 anos, a empresa atualmente emprega cerca de 8 mil colaboradores e apresenta um faturamento acima de 400 milhões de dólares anuais.

A sua gestão compreende uma visão mais operacional e de controle, focando em custos e produtividade. Os investimentos em TI encontram-se entre 1 e 2% sobre o faturamento anual. A cultura do grupo é profissional e orientada para resultados, sendo a cobrança de metas um processo contínuo, eficaz e amplamente incorporado pelos colaboradores.

Vale destacar como um aspecto representativo para o modelo descrito a seguir o foco das *estratégias básicas corporativas* associadas à tecnologia: tecnologia de produto e processo, tecnologia de informação e tecnologia de recursos humanos.

O ciclo de planejamento observado nessa organização contemplou o quadriênio 2000-2004, estando vários dos projetos estratégicos em implementação, com amplo monitoramento do atingimento das metas determinadas.

Modelos do planejamento estratégico (PEN e PETI)

A empresa encontra-se no estágio de evolução de integração entre PEN e PETI chamado de integração recíproca, devido à existência de um importante instrumento de acompanhamento das atividades planejadas, o "plano econômico" para o grupo inteiro, e um instrumento de gestão de projetos que abrange recursos (prazos, valores financeiros, pessoas) para cada atividade dos projetos estratégicos. As atividades e os recursos planejados são controlados e ajustados diariamente, com reuniões semanais de avaliação e reuniões de alinhamento quinzenais ou mensais.

Para este processo de planejamento específico, a orientação do alinhamento segue uma visão dupla quando associada ao processo de mudança: (a) de elemento participante, quando atuando sobre o redesenho do negócio para o novo sistema de gestão; e (b) de agente habilitador, quando atuando junto à criação da cultura única de gestão.

Modelo de PEN

O modelo de PEN utilizado pela empresa para os últimos planejamentos encontra-se fundamentado em modelos tradicionais de planejamento estratégico, apresentando um foco tecnológico. Não existe um plano formal único em nível mundial, mas existem algumas estratégias comerciais mundiais por área de negócios. O horizonte de planejamento é de até cinco anos, dividido em planos econômicos (de ação) anuais e mantendo um monitoramento quinzenal e mensal.

O processo de PEN contém duas etapas explícitas: formulação e implementação. A etapa de *diagnóstico* das necessidades do plano futuro acontece durante a etapa de formulação através da análise dos resultados apresentados nos planos econômicos.

A etapa de *formulação* ocorre praticamente ano a ano. As estratégias mundiais do grupo são definidas em reuniões na matriz mundial, sem determinação de um período específico. O mercado é muito concorrido e está em mudança constante; daí a necessidade de reuniões rápidas para redirecionamentos em algumas das áreas de negócio. Os passos para esta etapa são: estabelecimento do agendamento de reuniões mundiais, apresentação da conjuntura para a área de negócio a ser discutida, *brainstorm* de idéias e soluções e tomada de decisão.

Nesta etapa, os objetivos principais do negócio são formulados, sendo chamados de *projetos estratégicos*. Cada projeto estratégico apresenta os seguintes componentes: (a) um conjunto de *objetivos operacionais*; (b) as *etapas* ou fases de desenvolvimento por objetivo; (c) as *atividades e os recursos* para cada etapa; e (d) as *estratégias de implementação*, conforme as etapas e o cronograma estabelecido. As metas podem ser encontradas tanto nos objetivos principais quanto no "plano econômico", que é utilizado como instrumento de monitoramento dos objetivos do planejamento.

Ao final desta etapa, é redigido um documento formal em nível nacional com os projetos estratégicos e seus componentes, chamado de "plano econômico". Mais tarde, os principais objetivos e metas de cada projeto estratégico são transcritos para modelos de indicadores no orçamento para controle do atingimento dos resultados esperados.

A etapa de *implementação* marca o início da execução dos objetivos e das etapas definidos para cada projeto estratégico. Durante esta etapa, podem ocorrer ajustes no "plano econômico", que são mínimos devido à cultura de resultados. Dessa forma, as medidas especificadas no plano econômico devem ser cumpridas – e são.

Modelo de PETI

O modelo de PETI é o mesmo modelo do PEN, pois esses são realizados simultaneamente. Existe uma política bem definida para a TI, assim como uma missão consistente com a missão do grupo. Recorde que a tecnologia de informação é uma das grandes estratégias de gestão. O foco do PETI é mantido no nível operacional, isto é, de execução das ações necessárias para a implementação dos objetivos e estratégias de negócio. No entanto, é esperado que o foco atual seja alterado para gerencial-estratégico após o término deste horizonte de planejamento.

Vale ressaltar que o processo de PETI observado nesta organização era considerado como um dos projetos estratégicos do PEN, chamado de Projeto X. Esse projeto envolvia a implementação de uma nova tecnologia de informação.

O processo de PETI continha os mesmos componentes do processo de PEN: avaliação, análise e estabelecimento das tendências mundiais, reuniões focadas para as especificações locais, elaboração do "plano econômico" à luz dos objetivos e estratégias definidas para o projeto, acompanhamento e monitoramento da implementação das atividades e metas estabelecidas para o projeto. O acompanhamento é feito diariamente.

Na etapa de *formulação*, foram definidas as necessidades de *hardware*, comunicação, *software* básico, tecnologia de banco de dados, tecnologia de programação e de encapsulamento dos processos de negócio, capacitação e plano de conversão, testes e implementação, observando os requisitos especificados pelo negócio para essa nova tecnologia de informação.

Na etapa de *implementação*, o processo era monitorado por dois instrumentos: (a) uma ferramenta de gerenciamento e controle de projetos que permitia identificar as falhas, folgas, necessidades de recursos, tempo e custos, entre outros, com precisão; e (b) o "plano econômico", que permitia verificar o atingimento dos objetivos de negócio relacionados com o projeto.

Elementos promotores de alinhamento estratégico

Diante do contexto organizacional encontrado, observaram-se elementos significativos para a promoção do alinhamento estratégico entre negócio e TI, em maior intensidade, associados a três grandes dimensões do processo. A primeira está relacionada ao contexto e à cultura organizacionais mais propícios para a promoção do alinhamento. A segunda e terceira estão relacionadas a duas das grandes etapas do processo de PE, ou seja, aos elementos que influem na promoção do alinhamento durante a etapa de formulação e os elementos da etapa de implementação.

A seguir encontram-se descritos os elementos de alinhamento analisados em cada uma das dimensões, com os respectivos resultados encontrados a partir das principais citações e descrições de documentos, que permitiram a confirmação da presença alta, presença parcial ou da ausência da promoção do alinhamento. Uma das mais importantes contribuições é fornecer os pontos fortes e fracos encontrados na promoção do alinhamento.

Vale destacar que nem todos os elementos encontrados no modelo apresentado no Capítulo 8 se encontrarão citados neste caso, pois a pesquisa que levou ao desenvolvimento do modelo encontra-se fundamentada em múltiplos estudos de caso. No entanto, esta foi a organização com maior intensidade de promoção de alinhamento para ambas as etapas do processo de planejamento.

Elementos de alinhamento estratégico do contexto organizacional

Alguns aspectos de contexto organizacional relacionados com a *cultura e autonomia* que se refletem diretamente na promoção mais intensa do alinhamento durante as etapas do processo de planejamento para esta organização valem ser destacados. É importante esclarecer que os elementos abaixo foram observados e explicitados pelos entrevistados como altamente significativos para o processo como um todo. Por isso, eles encontram-se altamente relacionados com as variáveis críticas presentes na abordagem proposta no modelo de PESI-AO (Figura 7.1, Capítulo 7). São eles:

- **Resistência a mudanças**
  Devido à cultura de atingimento de metas, os colaboradores estão sempre cumprindo prazos, fazendo com que exista pouca resistência aos ajustes eventuais. No entanto, para mudanças mais profundas, é utilizada uma abordagem incremental já prevendo uma redução de resistência e de impacto e, conseqüentemente, de problemas.

- **Política de incentivos**
  Existência de plano de incentivos por atingimento de metas (individual e em grupos) e uma política de recursos humanos com uma estratégia bem definida sobre aumento do comprometimento dos colaboradores, descrita como um dos objetivos estratégicos no plano estratégico. As metas são avaliadas em reuniões gerenciais, relacionadas com o sistema de gratificação mensal sobre o salário. Além disso, são criadas expectativas de carreira, incluindo carreira no exterior.

- **Índice de rotatividade**
  Monitoramento de dois índices: rotatividade externa e interna. O primeiro é considerado mais baixo que o das outras empresas do setor, em razão das políticas de incentivos; o segundo é considerado alto, pois o giro das pessoas entre funções internas é freqüente. Isso ocorre porque a política de recursos humanos busca colocar os colaboradores nos lugares mais adequados às suas competências, principalmente no nível de gerência.

- **Assessoria externa ou terceirização de áreas**
  Conceito visto de forma favorável apenas durante a realização de grandes projetos, pois essas pessoas externas podem auxiliar e transferir novas tecnologias aos colaboradores mais rapidamente.

- **Proximidade física entre as pessoas envolvidas com negócio e as pessoas envolvidas com TI**
  É muito grande, principalmente em grandes projetos de reorganização. Na realidade, os executivos das diversas áreas estão próximos e cientes dos acontecimentos. O presidente desta organização foi claro ao expressar que o foco dessa proximidade está no comprometimento dos colabo-

radores com os projetos em desenvolvimento pela organização. A área de TI é vista como uma prestadora de serviço para as demais áreas clientes, tendo como política básica a satisfação desses clientes.

Elementos de alinhamento estratégico para a etapa de formulação do PE

Os resultados sumarizados desta organização, relativos à etapa de formulação do processo de PE, são discutidos a seguir. O leitor deverá analisar os pontos fortes e fracos encontrados, os quais tiveram suas implicações analisadas pelas práticas correntes com relação à teoria.

No modelo MOAE (Figura 8.1) apresentado no Capítulo 8, foram identificados três elementos promotores de alinhamento para esta etapa:

- *adequação estratégica* entre os objetivos e as estratégias de negócio e de TI, representados pelos itens de elo, apresentados no Quadro 6.3a do Capítulo 6;
- *integração funcional* entre infra-estrutura, processos e pessoas do negócio e da TI, fixados pela existência da TI dos Sistemas de Informação Integrados (SII), também conhecidos comercialmente por ERP *(Enterprise Resource Planning)*, implementado ou em implementação nas organizações estudadas;
- *integração informacional*, representada pela consistência entre o os objetivos de negócio e os objetivos de TI implementados nos SIIs pelo modelo informacional para gestão operacional-gerencial, apresentadas no Quadro 6.3b do Capítulo 6.

Este último elemento fundamentou-se em oito objetivos básicos, normalmente encontrados em grandes organizações, e em um conjunto informacional (16 itens) disponibilizados pelos sistemas ou pelo SII para acompanhamento e monitoramento dos mesmos durante um período de tempo (horizonte de planejamento).

Vale destacar que, durante a observação e a análise dos resultados, verificou-se que o alinhamento poderia ocorrer em uma escala de maior ou menor intensidade, podendo variar de promoção de alto alinhamento ou alinhamento total até alinhamento nulo ou nenhuma promoção de alinhamento. Para que o alinhamento entre os objetivos e as estratégias do negócio e de TI seja promovido com alta intensidade, todos os itens relacionados a cada um dos elementos promotores de alinhamento devem ocorrer durante a formulação das estratégias e dos objetivos do próximo horizonte de planejamento.

Nos Quadros 10.1 e 10.2 a seguir, é apresentado o elenco de pontos fortes (ALTO) e fracos (PARCIAL e BAIXO) de promoção do alinhamento encontrados para esta organização durante a etapa de formulação do planejamento.

Quadro 10.1 Pontos fortes e fracos de promoção de alinhamento para o elemento Adequação Estratégica

Adequação Estratégica	Promoção do Alinhamento		
	Alto	Parcial	Baixo
Missão dos planos de negócios e de TI estão fortemente vinculadas entre si	X		
Estratégias e plano de TI estão bem documentados	X		
O plano de negócio situa necessidades de TI e vice-versa	X		
Os planos de negócios e de TI definem priorizações de ações	X		
Os itens do plano de TI são fechados com os itens do plano de negócios	X		
Os gerentes de linha e de topo participam ativamente do planejamento de TI	X		
CIO participa do desenvolvimento de novos produtos	X		
O recurso tempo dos planejamentos de negócio e de TI encontram-se sincronizados	X		
O gerenciamento de topo é educado para a importância da TI		X	
A TI está adaptada para mudanças estratégicas		X	
Compreensão dos objetivos organizacionais tanto pelo gerenciamento de topo do negócio quanto pelos de TI	X		
Elevada visão do relacionamento das funções de TI com a organização (SII)	X		
Avaliação da importância estratégica de tecnologias emergentes	X		

Quadro 10.2 Pontos fortes e fracos de promoção de alinhamento para o elemento Integração Informacional

Consistência entre os objetivos de negócios e de TI	Promoção do Alinhamento		
	Alto	Parcial	Baixo
Redução de custos	X		
Aumento de faturamento	X		
Eficiência	X		
Serviços		X	
Supply chain		X	
Vantagens competitivas		X	
Qualidade de produto		X	
Produtividade	X		

O gráfico apresentado na Figura 10.1 mostra o sumário comparativo dos resultados encontrados, evidenciando a freqüência de promoção de alinhamento encontrada para esta etapa nesta organização. Isso propiciou uma análise comparativa com as demais organizações estudadas em relação ao conjunto.

Promoção do Alinhamento – Etapa Formulação

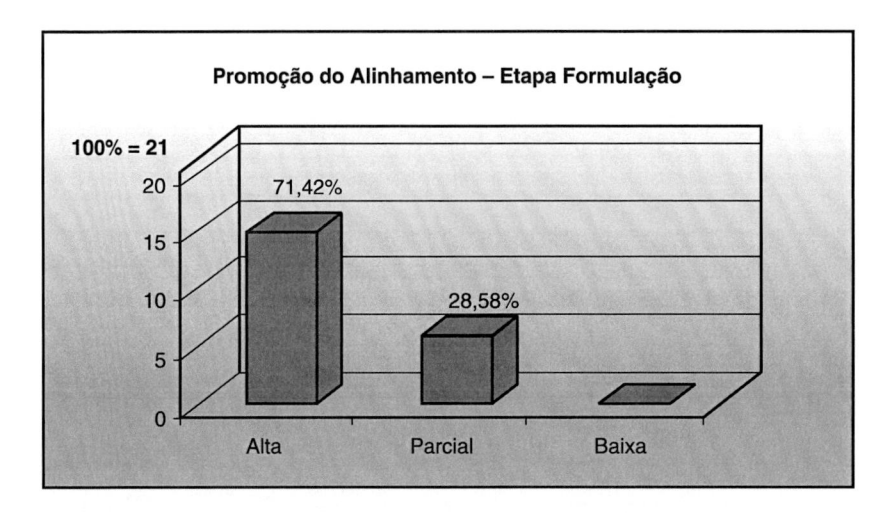

100% = 21
- Alta: 71,42%
- Parcial: 28,58%
- Baixa: 0

Figura 10.1 Freqüência da ocorrência de alinhamento para a etapa de formulação.

A presença da promoção do alinhamento durante a etapa de formulação do processo de PE foi alta em 15 variáveis, atingindo 71,42%, estando a mesma representada de forma visível e explícita nas respostas dos entrevistados e nos documentos analisados. Para seis das variáveis, ou 28,58%, a presença da promoção do alinhamento se mostrou parcial, isto é, houve consenso entre as análises dos autores de que, quando comparado o conteúdo das entrevistas e da documentação com o referencial teórico, determinados elos entre as áreas de negócio e de TI estavam presentes, sendo estes considerados como um alinhamento implícito. Nenhum item com alinhamento baixo ou nulo foi encontrado.

Durante o período de planejamento analisado, esta organização teve como estratégia de base a tecnologia, incluindo a de informação. Mantendo esse enfoque, a alta promoção do alinhamento pode ser comprovada pelos resultados globais encontrados. O elo entre os itens planejados de negócio e de TI é bastante forte porque, além de o plano global conter a TI como um objetivo macro, cada plano secundário, chamado de projeto estratégico, apresenta um conjunto de atividades, recursos e metas considerando negócio e TI conjuntamente. Além disso, o grande patrocinador dos projetos estratégicos de TI é o próprio presidente do grupo no Brasil, isto é, ele envolve-se nas decisões com grande freqüência. Seu conhecimento de TI é considerável.

O diferencial deste procedimento está na responsabilidade de manutenção das informações, no tratamento das informações e na periodicidade de uso. A responsabilidade da execução dos projetos pertence aos gerentes de negócio, de área ou de linha de produto. A responsabilidade sobre a manutenção das informações de cada projeto, permitindo o controle e monitoramento do atingimento das metas, pertence aos *controllers* – grandes conhecedores do negócio e de tecnologia de gestão.

O tratamento das informações atende aos níveis gerencial e estratégico, existindo uma série de indicadores de gestão corporativa que proporcionam análises de visões diferenciadas do negócio. Esse fato permite o monitoramento e o atingimento integral dos objetivos durante a próxima etapa de implementação.

A periodicidade de uso das informações é diária e contínua, evidência de maior controle e forte ajuste entre o que foi planejado e o que efetivamente está sendo executado. Pode-se dizer que os desvios são bem menores, pois o mesmo é percebido de imediato.

Observou-se que nem todo o gerenciamento de topo está educado para a importância da TI. Alguns executivos esperam pelas informações dos *controllers* ou simplesmente deixam que eles a usem e, neste caso, a análise contém a visão do *controller*. Com relação a esse fato, os executivos expressaram que, pela ocorrência de grandes mudanças feitas pela matriz, foi gerada uma certa instabilidade de gestão, o que fez com que alguns executivos tomassem atitudes reativas em vez de proativas.

No entanto, as reuniões conjuntas entre as áreas de negócios e de TI para exposição e análise crítica dos projetos, chamadas de "reuniões de alinhamento", devem alterar significativamente esses resultados. A metodologia de condução dessas atividades está bastante fundamentada em técnicas experimentadas e conceituadas, proporcionando aos executivos uma nova forma de encarar a gestão organizacional. Vale ressaltar que tais técnicas foram trazidas para dentro da empresa por uma renomada empresa de consultoria internacional.

Outro fator que se mostrou importante foi a presença permanente de um psicólogo avaliando as reuniões e os participantes, chamado de "pessoa da área de *change*", isto é, responsável pelo processo de mudança. Modernas técnicas de avaliação e de melhorias do processo são utilizadas. Essas reuniões propiciam uma alta compreensão dos objetivos organizacionais, tanto pelos executivos do negócio (CEOs) quanto pelos executivos de TI (CIOs).

Outro resultado parcial obtido foi com relação à questão da adaptação da TI para mudanças estratégicas. Novamente, o fato de esta organização ter passado por fusões com várias empresas durante o período de planejamento analisado foi um impedimento da promoção de um alinhamento mais alto. Eram muitos os sistemas legados, assim como as plataformas incompatíveis oriundas de cada empresa adquirida, e não se podia simplesmente abandonar tal TI. Era necessário um planejamento de migração de uma TI para outra, padrão para o grupo. Pode-se observar que este resultado parcial fecha com o resultado parcial relacionado à importância dada à TI pelo gerenciamento de topo. Vários executivos são oriundos dessas outras organizações, e a TI não era vista como estratégica para o negócio.

Outro resultado também coincidente com a situação da TI é aquele relacionado com a consistência entre os objetivos de negócios e de TI. Apenas 50% dos itens apresentam alinhamento alto, sendo que, para os demais, é mantido um alinhamento parcial. Na realidade, em diversos sistemas legados, as informações disponibilizadas na esfera da gestão estratégica encontravam-se prejudicadas. Os sistemas legados não permitiam cruzamento de informações e, como cada sistema atendia a um determinado negócio, ficava difícil de consolidá-las automaticamente. Isso vinha sendo feito, com planilhas isoladas, pelo CEO responsável pelo negócio.

A controladoria passou a funcionar como auditora no nível da unidade e como centralizadora e consolidadora das informações no nível corporativo. Se olharmos o instrumento de gestão chamado de "plano econômico" isoladamente do processo de composição, o nível de alinhamento é alto. Se olharmos o processo de consolidação, o alinhamento é parcial. O risco de erros existe, pois o processo não é integrado e, com isso, a integridade e a consistência das informações são violáveis.

Novamente, olhando para os objetivos estratégicos estabelecidos no "plano econômico", observou-se que as estratégias de base (Mintzberg, 1991; Ansoff, 1977; Porter, 1990; Torres, 1994) de empresas industriais são as atendidas, ou seja: redução de custos, aumento de faturamento, eficiência e produtividade.

No momento da realização deste estudo, a área de TI mantinha dois focos: um operacional, de manutenção dos sistemas legados e do funcionamento atual do negócio e um estratégico, representado pela equipe do Projeto X. O projeto é composto por dois coordenadores: o CIO, que conhece profundamente a TI e os processos de negócio, e um *controller*, que conhece a visão global de negócios e informações de gestão em esfera nacional e mundial.

Foi observado que o comprometimento com o projeto por parte desses dois executivos era muito alto, sendo eles os intermediadores entre os níveis gerenciais e as diversas "culturas" existentes na organização. Na realidade, foi-nos dito que esses executivos foram escolhidos para serem os disseminadores da nova "cultura" (única), usando como veículo o Projeto X.

Elementos de alinhamento estratégico para a etapa de implementação do PE

Os resultados sumarizados para esta etapa do processo de PE – implementação – também encontram-se representados pelos pontos fortes e fracos encontrados, tendo sido analisadas suas práticas correntes com relação à teoria de base.

Novamente, relacionando os resultados encontrados com o modelo MOAE (Figura 8.1, Capítulo 8), foram identificados quatro novos elementos promotores de alinhamento, além da permanência dos três elementos da etapa anterior, para esta etapa:

- *metodologia*, representada pelas técnicas e pelos métodos utilizados para a execução e a implementação dos objetivos e estratégias formuladas;
- *comprometimento* entre os participantes do processo com o atingimento dos objetivos e metas e com o processo como um todo (visão compartilhada e integrada);
- *sincronização dos recursos*, representada pela efetiva distribuição e utilização dos recursos para a execução dos objetivos e estratégias planejados;
- *instrumentação da gestão*, representada por um ferramental de auxílio no monitoramento e no controle do atingimento dos objetivos.

A escala de observação do alinhamento permaneceu a mesma para as observações anteriores, isto é, variação da promoção de alto alinhamento ou alinhamento total até alinhamento nulo ou nenhuma promoção de alinhamento, mantendo a visão de que, para que o alinhamento ocorra de forma integral, todos os elementos promotores de alinhamento de cada grupo a seguir relacionados devem ocorrer durante a etapa de implementação.

Os Quadros 10.3, 10.4, 10.5 e 10.6 apresentam o elenco de pontos fortes (ALTO) e fracos (PARCIAL e BAIXO) de promoção do alinhamento durante a etapa de implementação para esta organização.

Quadro 10.3 Pontos fortes e fracos de promoção de alinhamento para o elemento Metodologia

Metodologia	Promoção do Alinhamento		
	Alto	Parcial	Baixo
Leva em conta objetivos e estratégias organizacionais	X		
Requer envolvimento dos gerentes e usuários	X		
Identifica novos projetos	X		
Determina base uniforme para priorização dos projetos	X		
Inclui plano global de *hardware*, *software* e comunicação para a organização	X		
Os resultados estão de acordo com as expectativas do gerenciamento de topo	X		
Consultores externos	X		

Quadro 10.4 Pontos fortes e fracos de promoção de alinhamento para o elemento Gerenciamento

Gerenciamento (Monitoramento e Coordenação)	Promoção do Alinhamento		
	Alto	Parcial	Baixo
Ferramentas de TI para execução do planejamento		X	
Freqüência das revisões e ajustes	X		
Acompanhamento das revisões (documentação e itens atendidos)	X		

Quadro 10.5 Pontos fortes e fracos de promoção de alinhamento para o elemento Comprometimento

Comprometimento	Promoção do Alinhamento		
	Alto	Parcial	Baixo
Atendimento dos objetivos	X		
Motivação (incentivos)	X		
Dificuldades de garantir a implementação e o comprometimento dos gerentes de topo	X		
Patrocinadores da área de negócios	X		

Quadro 10.6 Pontos fortes e fracos de promoção de alinhamento para o elemento Processos

Processos	Promoção do Alinhamento		
	Alto	Parcial	Baixo
Identificação de oportunidades de melhorias nos processos do negócio através da TI	X		
Monitoramento das necessidades internas do negócio e das capacidades de TI para atender estas necessidades	X		

O gráfico apresentado na Figura 10.2 mostra o sumário comparativo dos resultados encontrados; é evidenciada a freqüência de promoção de alinhamento encontrada para esta etapa nesta organização, o que propiciou uma análise comparativa com as demais organizações estudadas, relativamente ao conjunto.

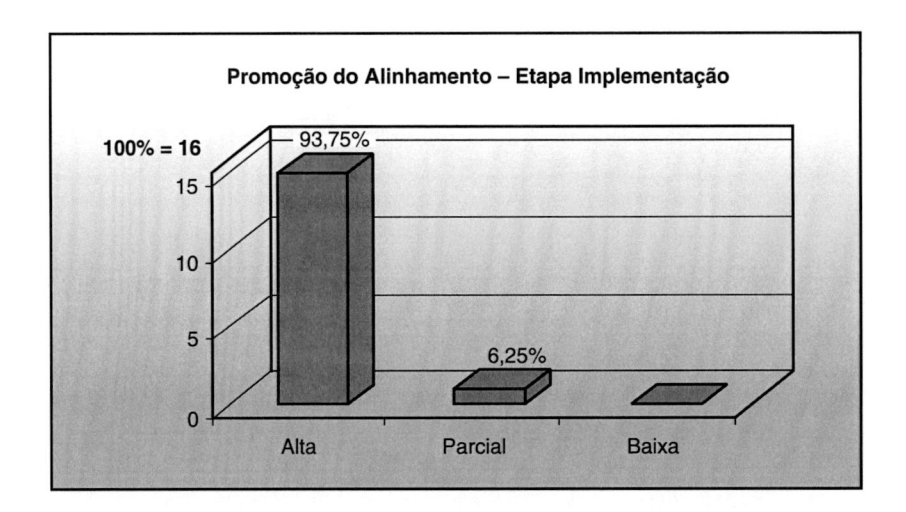

Figura 10.2 Freqüência da ocorrência de alinhamento para a etapa de implementação.

A presença da promoção do alinhamento durante a etapa de implementação do processo de PE foi alta em 15 variáveis, ou 93,75%, estando o mesmo representado de forma visível e explícita nas respostas dos entrevistados e nos documentos analisados. Para uma das variáveis, ou 6,25%, a presença da promoção do alinhamento se mostrou parcial, isto é, houve consenso entre as análises dos pesquisadores de que, quando comparado o conteúdo das entrevistas e da documentação com o referencial teórico, determinados elos entre as áreas de negócio e de TI estavam presentes, sendo estes considerados como um alinhamento implícito. Também nesta etapa, nenhuma variável foi identificada com promoção do alinhamento baixa ou nula.

A constatação de um percentual tão alto de promoção do alinhamento para esta etapa nesta organização deve-se à metodologia de implementação utilizada para novos projetos (originários dos objetivos estratégicos do PE). Na realidade, não existe dissociação entre negócio e TI para esses projetos, mas sim uma total integração entre ambos. Esse fato pode ser atribuído às consultorias externas, responsáveis pela introdução de modernas técnicas e de repasse de tecnologia para os integrantes desta organização.

Essa metodologia aportada, por si só, faz promover o alinhamento. Assim, ela pode ser considerada como responsável por grande parte do alto alinhamento observado nesta etapa e pelo atingimento das metas relacionadas aos projetos estratégicos e com o PE como um todo. Um de seus pontos fortes são as chamadas "reuniões de alinhamento", que ocorrem em dois níveis: (a) no nível gerencial-operacional, para definição de subprocessos e regras básicas de operação do negócio relacionadas ao atendimento dos objetivos organizacionais; e (b) no nível estratégico-gerencial, para aprovação das definições e mudanças de regras elencadas pelo nível 1, que monitora as atividades e define o conjunto informacional, o que é necessário para a gestão do negócio e dos itens do PE.

O método de comunicação dos assuntos e a objetividade da abordagem dos mesmos mantêm os participantes em alto grau de comprometimento com os objetivos, estratégias e metas a serem atingidas por projeto. Isso também eleva o nível de compreensão dos objetivos organizacionais e de TI para ambos os lados do processo – executivos do negócio e executivos de TI.

Durante as "reuniões de alinhamento", as regras e os processos de negócio são discutidos detalhadamente e melhorados; os próprios usuários do negócio acompanham a implementação de uma nova TI e vice-versa, elevando também a intensidade de promoção do alinhamento para o elemento "integração funcional". Outro fator importante são as freqüências e a regularidade de ocorrência dessas reuniões, que também servem para monitoramento e acompanhamento regular do atingimento das metas, o que permite não somente o rastreamento das ocorrências como, também, a melhoria dos processos e dos resultados.

Outra observação importante para a promoção de um alinhamento mais intenso encontra-se relacionada aos elementos do modelo MOAE (Figura 8.1, Capítulo 8): sincronização de recursos e instrumentação de gestão. Devido à inexistência de uma ferramenta única de TI para monitoramento da execução dos objetivos e das estratégias planejadas, o alinhamento foi forçado para baixo.

Vejamos a situação atual desta organização durante o transcorrer deste estudo de caso. Ela mantém duas ferramentas de gestão que, no entanto, são dissociadas e subutilizadas. Para a área de negócios, é utilizado o "plano econômico", mantendo alguns controles relacionados aos recursos de TI. Porém, algumas estratégias e objetivos organizacionais não estão contemplados claramente, formando um *gap* entre o que foi planejado e o que foi realmente realizado. Para a área de TI, é utilizada uma ferramenta de gestão para controle, monitoramento e acompanhamento dos projetos. As atividades estão controladas mais no âmbito de recursos de tempo e pessoas, detalhadas em um nível bem operacional, mantendo o foco no projeto. No entanto, não existe a preocupação de uma consolidação dessas informações no "plano econômico" em termos de contas relacionadas ao objetivo estratégico de origem.

Atualmente, a organização conta com dois níveis de consolidação, agregados a partir de relatórios dos sistemas e de planilhas avulsas. Muitas vezes, existe um nível de simplificação na agregação das informações, visando a facilitar e tornar mais rápido o processo. No entanto, esses procedimentos refletem diretamente na intensidade da promoção do alinhamento, forçando-o para baixo.

Além disso, a construção de indicadores de gestão do negócio e de monitoramento dos itens planejados mantém-se focada em indicadores internos do negócio e operacionais (econômico-financeiros, de qualidade, de produtividade e de eficiência). Assim, ela peca por não contemplar de forma mais ampla os indicadores estratégicos relacionados aos projetos estratégicos que possam ser consolidados no âmbito de objetivo estratégico e de indicadores externos, tais como agressividade de mercado, posicionamento de marca, redirecionamento, entre outros, o que permitiria rápidos redirecionamentos dos negócios.

As situações acima descritas refletem diretamente na intensidade de promoção do alinhamento dos elementos "integração funcional" e "informacional". O primeiro, por não apresentar uma ferramenta e um processo único de consolidação das informações do PE, e o segundo, devido ao modelo de informações não refletir o modelo de negócio e do PE de forma exata.

Apesar dos problemas relatados acima, a existência do "plano econômico" mostrou-se como um fator decisivo para elevar a intensidade da promoção do alinhamento durante a implementação, mantendo uma base uniforme para os executivos monitorarem o atingimento das metas projetadas dentro daqueles indicadores externos. A existência de uma área específica – a controladoria – que conhece o negócio e a importância dos projetos estratégicos de TI, para monitoramento de todos os negócios e objetivos, consolidação das informações para gestão, monitoramento e ajuste dos resultados, auxilia na promoção do alinhamento.

Analisando tais resultados em detalhe, observa-se claramente a necessidade de um instrumento comum de gestão entre as áreas (negócio e TI) que forneça automática e rapidamente os resultados dos objetivos e estratégias planejadas, permitindo o acompanhamento e conseqüente ajuste nas mesmas em tempo real. As informações devem apresentar um formato piramidal, isto é, de baixo para cima, de projeto específico para plano econômico global do grupo, mantendo a integridade entre as atividades mais básicas de um projeto com os objetivos estratégicos de médio e longo prazo, definidos no PE.

Com um ferramental disponível, é possível atender e melhorar a intensidade do alinhamento para quatro dos elementos apresentados no modelo proposto: a integração funcional ajustando os processos, a integração informacional ajustando o modelo de indicadores para gestão, a sincronização dos recursos do projeto com os recursos previstos por objetivo estratégico e, finalmente, a instrumentação de gestão através da criação e disponibilização de um conjunto de ferramentas integradas que permitam a obtenção de informações de qualidade e em tempo real.

Questões para Estudo

Questão 1: Procure mapear as diversas visões de Processo Decisório (Capítulo 4) com o processo de planejamento de sistemas de informação na sua organização.

Questão 2: Analise o impacto que a abordagem dominante do processo decisório na sua organização pode gerar em um processo de PESI. Procure identificar pontos fortes e fracos relacionados ao estilo decisório de sua organização com relação à aplicação do modelo MPA (Capítulo 9).

Questão 3: Procure mapear as abordagens de Aprendizagem Organizacional (Capítulo 5) com o processo de planejamento de sistemas de informação na sua organização.

Questão 4: Analise a forma como sua organização trata a questão da aprendizagem organizacional e o impacto que pode gerar em um processo de PESI. Procure identificar pontos fortes e fracos relacionados à aplicação do modelo MPA (Capítulo 9).

Questão 5: Reflita sobre os principais problemas e pontos críticos em relação à implementação de um processo de planejamento de sistemas de informação (Capítulo 3). Identifique os mecanismos que você utilizaria em sua organização no sentido de reduzir os riscos associados a cada um dos pontos críticos apresentados na página 43 (Capítulo 3).

Questão 6: Considerando os aspectos de implementação de processos de planejamento estratégico:

  a) mapeie o modelo de planejamento de negócios existente em sua organização segundo os modelos apresentados no Capítulo 2, identificando as etapas do processo e os componentes da etapa de formulação;
  b) observe o conjunto informacional (Indicadores de Gestão) existente em sua organização para controle das operações de negócio;
  c) efetue o cruzamento dos Indicadores de Gestão com os objetivos departamentais (gerenciais) e corporativos (estratégicos) definidos no plano de negócios, identificando quais indicadores permitem o monitoramento de cada objetivo.

Questão 7: Identifique os promotores de alinhamento estratégico em sua organização, segundo os elementos apresentados no modelo MOAE (Capítulo 8). Analise a situação à luz das observações apresentadas no Estudo de Caso 2 e identifique as divergências entre os elementos promotores de alinhamento de contexto organizacional e das etapas de formulação e implementação.

Referências Bibliográficas

ALLAIS, P. M. Le comportement de l'homme rationnel devant le risque: critique des postulats et axioms de l'ecole americaine. *Econometrica*. Cambridge: Blackwell Publishing, v. 21, n. 4, Oct. 1953.

ALLISON, G. *Essence of decison: explaining the Cuban missile crisis*. Boston: Little Brown, 1971.

ALTIER, W. *Effective processes for problem solving e decision making*. New York: Oxford Press, 1999.

ANDREWS, A. Strategies for change. In: QUINN, J.B. *The strategy process: concepts, contexts and cases*. 2. ed. Englewood: Prentice-Hall, 1988.

ANG, K.; THONG, J.; YAP, C. IT implementation through the lens of OL: a case study of insuror. *Proceedings of ICIS*, Atlanta, 1997.

ANSOFF, H.I. *Estratégia Empresarial*. São Paulo: McGraw-Hill, 1977.

ANSOFF, H.I.; McDONNELL, E.J. *Implantando a administração estratégica*. São Paulo: Atlas, 1993.

ARGYRIS, C. *On organizational learning*. Oxford: Blackwell, 1993.

ARGYRIS, C.; SCHON, D. *Organizational learning*. Boston: Addison-Wesley, 1980.

AUDY, J.; BECKER, J. As diferentes visões do processo decisório: do modelo racional ao modelo político e o impacto da subjetividade. *Revista Análise*. Porto Alegre: Edipucrs, v. 11, n. 2, 2000.

AUDY, J. *Modelo de Planejamento Estratégico de Sistemas de Informação: contribuições da Aprendizagem Organizacional e do Processo Decisório*. Porto Alegre, 2001, 212 p. Tese (Doutorado) PPGA, Universidade Federal do Rio Grande do Sul

BAETS, W. *Organizational Learning and Knowledge Technologies in a dynamic environment*. Dordrecht: Kluwer Academics Publishers, 1998.

BAKOS, J.Y.; TREACY, M.E. Information Technology and Corporate Strategy: a research perspective. *MIS Quarterly*, Minneapolis: v. 10, n. 2, p. 107-119, June 1986.

BERTALANFY, L. von. *Teoria geral dos sistemas*. São Paulo: Vozes, 1975.

BHALLA, S.K. *The effective management of technology: a challenge for corporations*. Battelle Press, 1987.

BOAR, B.H. *Strategic thinking for information technology*. New York: John Wiley and Sons, 1997.

BOAR, B.H. *The art of strategic planning for information technology*. New York: John Wiley and Sons, 1993.

BOAR, B.H. *Aligning information technology with business strategies*. New York: John Wiley & Sons, Inc.,1994.

BRANCHEAU, J.C.; WETHERBE, J.C. Key issues in information systems management. *MIS Quarterly*, Minneapolis, v. 11, n. 1, p. 23-45, March 1987.

BRODBECK, A.F. *Alinhamento Estratégico entre os Planos de Negócio e de TI: um modelo de operacionalização para a implementação*. Porto Alegre, 2001, 332 p. Tese (Doutorado), PPGA, Universidade Federal do Rio Grande do Sul.

BROWN, C.V.; MAGILL, S.L. Alignment of the IS functions with the enterprise: toward a model of antecedents. *MIS Quarterly*, Minneapolis, v. 18, n. 4, p. 371-402, Dec. 1994.

CASSIDY, A. *A practical guide to information systems strategic planning*. Washington D. C.: St. Lucie Press,1998.

CHAN, Y.E.; HUFF, S.L.; BARCLAY, D.W.; COPELAND, D.G. Business strategic orientation, information system strategic orientation, and strategic alignment. *Information Systems Research*, Phoenix, v. 8, n. 2, p. 125-150, June 1997.

CHANDLER, A. D. *Strategy and structure: chapters in the history of american enterprise*. Cambridge: The MIT Press, 1962.

CHIAVENATO, I.; MATOS, F.G. *Visão e ação estratégica*. São Paulo: Makron Books, 1999.

CHURCHMAN, C.W.; ACKOFF, R.L.; ARNOFF, E.L. *Introduction to operations research*. New York: John Wiley and Sons, 1957.

CLAXTON, G. *Live and learn: an introduction to the psychology of growth and change in everyday life*. Buckingham: Open University Press, Milton Keynes, 1984.

COUGER, J. *Creativity and inovation in IS organizations*. Danver: Boyd and Fraser Publishing, 1996.

CYERT, R.; MARCH, J. *A behavioral theory of the firm*. Englewood Cliffs: Prentice-Hall, 1963.

DAVENPORT, T.H. *Reengenharia de processos*. Rio de Janeiro: Campus, 1994.

DE BONO, E. *Criatividade levada a sério*. São Paulo: Pioneira, 1998.

DE GEUS, A. *La empresa viviente*. Buenos Aires: Granica, 1998.

DE GEUS, A. Planejamento como aprendizado. In: STARKEY, K. *Como as organizações aprendem*. São Paulo: Futura, 1997.

EARL, M. J. Experiences in strategic information system planning. *MIS Quarterly*, Minneapolis, v. 17, n.1, p. 1-24, March 1993.

EIN-DOR, P.; SEGEV, E. Strategic planning for management information systems. *Management Science*, Linthicum, Informs, v. 24, n.10, 1978.

ELSTER, J. *Sour grapes: studies in the subversion of rationality*. Cambridge: Cambridge University Press, 1989.

FREDRICKSON, J. The comprehensiveness of strategic decision process: extension observations future directions. *Academy of Management Journal,* Seatle, University of Washington Business School, v. 27, n. 3, 1984.

GALLIERS, H.; BAETS, R. *Information technology and organizational transformation*. Chichester: John Wiley and Sons, 1998.

GOTTSCHALCK, P. Implementation Predictors of Strategic Information Systems Plans. *Information and Management* 36, 1999, pp. 77-91.

GOTTSCHALCK, P.; LEDERER, A.L. A review of literature on the implementation of strategic information system plans. *Proceedings of ICIS 97*, Atlanta, 1997.

GUIMARAES, T.; McKEEN, J. The process of selecting information systems projects. *DataBase Management*, v. 20, n. 2, 1989.

HAMMER, M.; CHAMPY, J. *Reengenharia: revolucionando a empresa*. Rio de Janeiro: Campus, 1993.

HEDBERG, B. How organizations learn and unlearn. In: NYSTROM, P.; STARBUCK, W. *Handbook of organizational design*, London, 1991.

HENDERSON, J.C.; VENKATRAMAN, N. Strategic alignment: leveraging information technology for transforming organizations. *IBM System Journal*, New York, v. 32, n. 1, p. 4-16, 1993.

HO, L.C.; NICKERSON, R.C.; ENG, J. Strategic aligment and global information system implementation. *Proceedings of AIS 1999*, North Carolina, 1999.

HOWARD, R.A. *The foundation of decision analysis*. New York: McGraw-Hill, 1968.

ITAMI, H.; NUMAGAMI, T. Dynamic interaction between strategy and technology. *Strategic Management Journal*, New York, John Wiley & Sons, Inc., v. 13, p. 119-135, 1992

JANG, S.Y. *The Influence of Organizational Factors on Information Systems Strategie Planning*. PhD. Dissertation, 1989, University of Pittsburg.

KAO, J. *Jammimg*. Rio de Janeiro: Campus, 1997.

KAPLAN, R.S.; NORTON, D.P. *A estratégia em ação: balanced scorecard*. São Paulo: Campus, 1997.

KEENEY, R.L.; RAIFFA, H. *Decision with multiple objectives*. New York: John Willey & Sons, 1976.

KELLY, G. *The psychology of personal constructs*. New York: W.W.Norton, 1955.

KETTINGER, W. J.; GROVER, V. Toward a theory of business process change. *Journal of Management Information*, Netherlands, v. 12, n. 1, p. 9-30, Summer 1995.

KETTINGER, W. J.; TENG, J. T. C.; GUHA, S. Business process change: a study of methodologies, techniques and tools. *MIS Quarterly*, Minneapolis, v. 21, n. 1, p. 55-80, March 1997.

KING, W.R. How effective is your IS planning? *Long Range Planning*, London, v. 21, n.2, p. 103-112, 1988.

KING, W.R. Strategic planning for MIS. *MIS Quarterly*, Minnesota, v. 2, n. 1, p. 27-37, March 1978.

KING, W.R.; ZMUD, R.W. Management Information Systems: Policy planning, strategic planning and operational planning. *Proceedings Second International Conference Information Systems*, Boston, 1981.

KOLB, D. A gestão e o processo de aprendizagem. In: STARKEY, K. *Como as organizações aprendem*. São Paulo: Futura, 1997.

KUMAR, R; STYLIANOU, A. A framework for managing flexibility in the information sytems function. *Proceedings of AMCIS*, Long Beach, 2000.

LAWRENCE, P.R.; LORSCH, J.W. *Organization and Environment*. Homewood: Irwin, 1969.

LEDERER, A.L.; MENDELOW, A.L. Convincing top management of the strategic potential of information systems. *MIS Quarterly*, Minnesota, v. 12, n. 4, p. 525-534, 1988.

LEDERER, A.L.; MENDELOW, A.L. Coordination of information systems plans with business plans. *Journal of Management Information Systems*, v. 6, n.2, p. 5-19, Fall 1989.

LEDERER, A.L.; MENDELOW, A.L. Information resource planning: overcoming difficulties in identifying top management objectives. *MIS Quarterly*, Minnesota, v. 11, n. 3, p. 389-399, September 1988.

LEDERER, A. L.; SALMELA, H. Toward a theory of strategic information systems planning. *Journal of Strategic Information Systems*, v. 5,. n. 3, p. 237-253, 1996.

LEDERER, A.; SETHI, V. Key prescriptions for strategic IS planning. *Journal of MIS*, v. 13. n. 1. 1996.

LEDERER, A.; SETHI, V. Root causes of strategic information system planning implementation problems. *Jornal of MIS*, Minnesota, v. 9, n. 1, 1992.

LEDERER, A.; SHETI, V. The implementation of strategic information systems planning methodologies. *MIS Quaterly*, Masschusets, v. 12, n. 3, p. 445-461, Sep. 1988.

REFERÊNCIAS BIBLIOGRÁFICAS

LINDBLOM, C. The science of Muddling-Through. *Public Administration Review,* Cambridge (MA), Blackwell Publishing, v.19, n. 1, 1959.

LUFTMAN, J. N.; LEWIS, P.R.; OLDACH, S.H. Transforming the enterprise: The alignment of business and information technology strategies. *IBM System Journal,* New York, v. 32, n. 1, p. 198-220, 1993.

MARCH, J.; OLSEN, J. *Ambiguity and choice in organizations.* Norway: Universitetsforlaget, 1976.

MARTIN, J.; ODELL, J. *Análise e projeto orientados a objeto.* São Paulo: Makron Books, 1995.

MARTIN, J. *Engenharia da Informação.* Rio de Janeiro: Campus, 1991.

McFARLAN, F.W. Information Technology changes the way you compete. *Harvard Business Review,* Massachusets, v. 3, n. 62, p. 98-103, 1984.

McLEAN, E.; SODEN. *Strategic planning for MIS.* New York: John Wiley & Sons, Inc., 1977.

MEIRELLES, F.S. *Informática: novas aplicações com computadores.* São Paulo: McGraw-Hill, 1994.

MINKARA, A. A study of IS management issues in the United States. Ph.D. Proposal. DSIS/B&E/UK, Lexington, KY, 2000.

MINTZBERG, H. Crafting strategy. In: Harvard Bussiness Review Paperback. Boston, *Harvard Business Review,* p. 66-75, 1995.

MINTZBERG, H. Generic strategies. In: QUINN, J.B.; MINTZBERG, H.; JAMES, R.M. *The Strategy Process: Concepts, contexts and cases.* 2. ed. Englewood Cliffs: Prentice-Hall, 1991.

MINTZBERG, H. Strategy formation: schools of thought. In: FREDERICHOM, J.W. *Perspectives in Strategies Management.* New York: Harper Business, 1990.

MINTZBERG, H. *The rise and fall of strategic planning.* New York: The Free Press, 1994.

MINTZBERG, H.; AHLSTRAND, B.; LAMPEL, J. *Strategy safari: a guide tour through the wilds of strategic management.* New York: The Free Press, 1998.

MORGAN, K. *Imagens da organização.* São Paulo: Atlas, 1996.

NOLAN, R. L. Managing the crises in data processing. *Harvard Bussiness Review,* Boston, March 1979.

PARSONS, G.L. Information technology: a new competitive weapon. *Sloan Management Review,* v. 1, n. 25, p. 3-14, Fall 1983.

PELS H.J.; WORTMANN J.C. An European Development for Entrerprise Integration. *Proceedings of CIMOSA,* Bruxelas, 1996.

PETERS, T.; WATERMAN Jr., R. Para além do modelo racional. In: STARKEY, K. *Como as organizações aprendem.* São Paulo: Futura, 1997.

PORTER, M. E.; MILLAR, V. E. How Information gives you competitive advantage. *Harvard Bussiness Review,* Boston, v. 63, n. 4, Jul/1995.

PORTER, M.E. *Competitive strategy.* New York : The Free Press,1990.

PRENKUMAR, G.; KING, W. R. Assessing strategic information systems planning. *Long Range Planning,* London, v. 24, n. 5, p. 41-58, 1991

PROBST, G.; BUCHEL, B. *Organizational learning.* London: Prentice Hall, 1997.

PYBURN, P. Linking the MIS plan with corporate strategy: an exploratory study. *MIS Quarterly,* Minnesota, v. 7, n. 2, 1993.

QUINN, J. *Strategies for change.* Homewood Illinois: Irwin, 1980.

QUINN, J., MINTZBERG, H. e JAMES, R. *The strategy process: concepts, contexts and cases.* Englewood: Prentice-Hall, 1988.

RACKOFF, N.; WISEMAN, C.; ULLRICH, A. Information systems for competitive advantage: implementing a planning process. *MIS Quarterly*, Minnesota, v. 9, n. 4, p. 285-294, Dec. 1985.

RAGHUNATHAN, B.; RAGHUNATHAN, T.S. The impact of top management support on IS planning. *Journal of Information Systems*. Phoenix, v. 5, n. 3, p. 15-23, Spring/1988.

RAIFFA, H. *Decision analysis*. Boston: Addison-Wesley, 1968.

REBOUÇAS DE OLIVEIRA, D.P. *Planejamento estratégico: conceitos, metodologia e práticas*. São Paulo: Atlas, 1997.

REICH, B.H. *Investigating the Linkage between Business Objectives and Information Technology Objectives: A multiple case study in the Insureance Industry*. PhD. Dissertation, 1992, University of British Columbia.

REICH, B.H.; BENBASAT, I. Measuring the linkage between business and information technology objectives. *MIS Quarterly*, Minnesota, v. 20, n. 1, p. 55-81, Mar. 1996.

REPONEN, T. The role of learning in information system planning and implementation. In: GALLIERS, H.; BAETS, R. *Information Technology and Organizational Transformation*. Chichester, England: John Wiley and Sons, 1998.

ROCKART, J. F. Chief executives define their own data needs. *Harvard Business Review*, Boston, v. 57, n. 3, p. 81-93, March-April 1979.

ROCKART, J.F.; SCOTT MORTON, M.S. Implications of changes in information technology for corporate strategy. *Interfaces*, v. 14, n. 1, p. 84-95, Jan-Feb 1984.

SABHERWAL, R.; CHAN, Y.E. Alignment between business and IS strategies: a study of prospectors, analyzers and defenders. *Information Systems Research*, MIS Quaterly, Minnesota, v. 12, n. 1, p. 1-33, March 2001.

SALMELA, H. *The requirements of ISP in a turbulent environment*. Ph.D. Dissertation. Turku School of Economics and Business Administration. Sarja, 1996.

SALMELA, H.; LEDERER, A.; REPONEN, T. Prescription for IS planning in a turbulent environment. *Proceedings of ICIS 97(CD-ROM)*, Atlanta, USA, 1997.

SAMBAMURPHY, V.; ZMUD, R.; BYRD, T. The compreehensiveness of IT planning process: a contingency approach. *The Journal of Information Technology Management*, v. 5, n. 1, 1994.

SEGARS, A.; GROVER, V. Strategic information systems planning success: an investigation of the construct and its measurement. *MIS Quarterly*, Minnesota, v. 22, n. 2, 1998.

SELZNICK, P. *Leadership in administration: a sociological interpretation*. New York: Harper & Row, 1957.

SENGE, P. M. *A quinta disciplina*. São Paulo: Best Seller, 1990.

SENGE, P. M.; ROSS,R.; SMITH, B.; ROBERTS, C.; KLENER, A. *The fifth discipline: fieldbook*. New York: Currency Doubleday, 1994.

SILBERCHATZ, A. *Sistemas de banco de dados*. São Paulo: Makron, 1999.

SIMON, H.A. *Comportamento administrativo*. Rio de Janeiro, USAID, 1965.

SPRAGUE, R.H.; McNURLIN, B.C. *Information systems management in practice*. Canadá: Prentice Hall, 1999.

SULLIVAN Jr., C. Systems planning in the information age. *Sloan Management Review*, v. 26, n. 2, p. 3-12, Winter 1985.

SWIERINGA, J.; WIERDSMA, A. *La organizacíon que aprende*. México: Addison-Wesley, 1995.

SYNNOTT, W.R. *The information weapon: winning customers and markets with technology*. New York: John Wiley and Sons, 1987.

TAPSCOTT, D. *Economia digital*. São Paulo: Makron Books, 1997.

TEO, T.S.H. *Integration between Business Planning and Information Systems Planning: An Evolutionary-Contingency Perspective*. PhD. Dissertation, 1994, University of Pittsburg.

TORRES, N. A. *Manual de planejamento de informática empresarial*. São Paulo: Makron, 1994.

TREGOE, B.; ZIMMERMAN, J.W. *Top management strategy: what it is and how to make it work*. New York: Simon and Schuster, 1980.

TURBAN, E.; McLEAN, E.; WETHERBE, J. *Information Technology for Management: making connections for strategic advantage*. New York: John Wiley & Sons, Inc., 1999.

VENKATRAMAN, N. Beyond outsourcing: managing IT resources as a value center. *Sloan Management Review*, Massachusetts, p. 51-64, Spring 1997.

VENKATRAMAN, N. IT-enabled business transformation: from automation to business scope redefinition. *Sloan Management Review*, p. 73-87, Winter 1994.

VONNEWMANN, J.; MORGENSTERN, O. *Theory of games and economic behavior*. N.J., USA: Princeton University Press, 1947.

WARD, A.; GRIFFITHS, J. *Strategic planning for information systems*. Chichester, England: John Wiley and Sons, 1996.

WRAPP, C. Good managers don't make policy decisions. *Harvard Business Review*, Boston, Sept/Oct. 1967.

ZVIRAN, M. Relationships between organizational and information systems objectives: some empirical evidence. *Journal of Management Information Systems*, v. 7, n. 1, p. 66-84, Summer 1990.